당신의 감정이

당신에게 말하는 것

미처 몰랐던
내 감정에 숨은
진짜 힘

당신의
감정이

당신에게
말하는 것

메리 라미아 지음
김효정 옮김

카시오페아
Cassiopeia

모든 감정에는 목적이 있다

감정에 대한 책을 쓰기로 마음먹고 자료를 조사해 보니 이 주제의 지식이 이미 얼마나 많은지 새삼 놀라울 지경이다. 감정이 우리에게 얼마나 많은 정보를 제공하는지, 우리의 결정에 얼마나 큰 영향을 주는지, 다양한 상황에 대처하고 목표를 달성하는 데 얼마나 큰 도움을 주는지를 생각해 보면 감정을 이해하는 것이 그만큼 중요하다는 사실을 쉽게 깨달을 수 있다. 감정을 어떤 식으로 해석하고 거기에 어떻게 반응할지 이해하는 것은 사회적, 학문적, 개인적 차원에 두루 유익하다. 감정은 인생을 살아가는 동안 우리의 지능과 역량을 기르는 데에도 크게 기여한다. 이 책의 각 장에 정리된 연구 결과를 통해 우리는 다음 사실을 배울 수 있다.

• 어려운 결정을 내려야 할 때 세세한 정보에 의존하기보다 감정의 목소리에 귀를 기울인다면 보다 훌륭하게 의사를 결정할 수 있다.

- 불안은 창의력과 생산성을 높이고 일의 품질을 향상시킨다.
- 아무리 치열한 경쟁 상황에서라도 실패를 두려워하며 지금까지 사용해 온 전략을 바꾸면 성공할 가능성은 오히려 낮아진다.
- 친구의 창피한 행동은 나에게 큰 영향을 주지 않는다.
- 남을 괴롭히는 사람은 자존심이 높은 사람이 아니라 수치심을 쉽게 느끼는 사람이다.
- 죄책감은 인간관계를 원만히 유지하는 데 유용하다.
- 자신이 성취한 업적에 대해 자부심을 표현하면 사회적으로 큰 이익을 얻을 수 있다.
- 외로운 사람은 상대방의 표정에서 호의적인 기색을 간절히 찾는다.
- 희망은 우리의 기대와 기분에 영향을 미친다.
- 사람들은 슬픔을 참아 오다 행복한 결말에 이르면 울음을 터뜨린다.
- 분노는 터뜨려 봤자 그다지 유익하지 못한다.
- 거미를 볼 때 사람들은 두려움보다는 혐오감을 느낀다.
- 부러움을 느끼게 하는 사람 주위에 있을 때 우리는 그의 일거수일투족에 관심을 기울인다.
- 시험 준비를 하며 집중해서 책을 읽을 때는 눈에 잘 띄지 않는 문장에 주의를 기울이자.
- 행복에 과도한 가치를 두면 그것이 손 안에 있을 때조차도 행복하기 어렵다.

이 책을 반드시 처음부터 끝까지 읽지 않아도 좋다. 지금 어떤 감정을 느끼느냐에 따라 끌리는 장부터 시작하면 된다. 불안을 느낀다면 2장 「불안은 주의를 기울이라는 신호이다」를 읽고 현재의 감정을 이해할 수 있다. 부러움에 사로잡혀 있다면 13장 「부러움은 더 나은 사람이 될 수 있게 도와준다」에서 도움을 받을 수 있다. 창피함이나 수치심 때문에 괴로운 상태라면 4장 「창피함은 다음에 더 잘하겠다는 다짐을 전한다」 또는 5장 「수치심을 피하려는 마음이 목표를 달성하게 한다」에 마음이 끌릴 것이다. 소중한 관계가 끝난 뒤 힘든 시기를 겪고 있다면 10장 「슬픔은 상실감을 받아들이라고 속삭인다」를 읽고 공감할 것이다.

여러분은 각각의 감정이 우리 삶에서 어떤 역할을 하는지, 격한 감정을 어떻게 극복할 수 있는지에 관심이 많을 것이다. 그래서 각 장마다 「나와 어떤 관계가 있을까」라는 꼭지를 마련했다. 모든 장에 감정과 관계된 구체적인 상황을 소개했으며, 일상에서 흔히 느낄 수 있는 감정에 대한 연구도 풍부하게 담았다.

감정을 이해하는 것은 동기부여, 자기 인식, 인간관계, 의사 결정, 자기 통제, 목표 달성을 도와줄 훌륭한 도구를 손에 넣는 것과 같다. 그럼 이제부터 본격적으로 우리의 감정을 탐구해 보자.

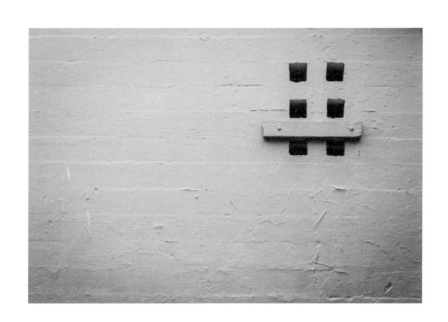

감정은
올바르게

해석되길
원한다

우리 곁에 있는
'감정'

♥ ・ ・ ・ ・ ・ ・ ・ ・ ・ ・ ・ ・ ・ ・

감정은 특수한 정보처리 시스템이다. 주위 환경에 대한 정보를 간단히 정리해 주며 어떤 상황을 둘러싼 방대한 데이터를 하나로 모아 준다. 감정은 무시하거나 억제해야 할 골칫거리가 아니다. 올바로 해석하면 유용한 신호가 된다. 그런데도 강렬한 감정이 솟구칠 때면 우리는 그 감정을 이해하려 노력하기는커녕 억누르고 외면하려고만 든다. 하지만 우리의 생존을 돕고자 수천 년에 걸쳐 진화해 온 감정을 굳이 외면할 이유가 있을까?

감정은 몸으로 느끼지만 사실 뇌에서 시작된다. 뇌는 주위 상황을 가늠하여 우리가 모르는 사이에 감정 반응을 만들어 낸다. 우리는 살면서 수많은 자극을 접하기 때문에 검토해야 할 정보의 양도 어마어마하다. 그 모든 정보를 일일이 살펴 신중하게 처리하기엔 시간이 턱없이 부족하지만, 뇌는 우리가 의식하지 못하는 순간에도 정보를 알아서 처리한다. 주의를 기울일 만한 대상이 나타나면 뇌는 감정을 불러일으키고, 그 감정이 만들어 내는 느낌과 생각을 통해 우리에게 포괄적인 신호를 전달한다. 주의하라는 경고에 그치지 않고 감정과 관련된 생리적 변화를 일으켜 필요한 행동을 유도하는 것이다. 결국 뇌가 특정한 상황, 사건, 생각, 자극을 어떻게 판단하느냐에 따라 감정은 반사적으로 나타나며 우리에게 필요한 정보를 주어 적절한 행동을 하라고 지시한다. 다시 말해 감정은 생리적 변화를 일으켜 행동을 유도하는 신호 체계이자 지휘 체계다.

물론 감정 시스템도 잘못된 신호를 보낼 때가 있다. 과거와 비슷한 상황에 처하면 당시 느꼈던 감정이 똑같이 나타나는 경우를 예로 들 수 있다. 이 감정이 지금 상황에 적절치 않을지 몰라도 과거에 느낀 감정을 바탕으로 현재 상황을 판단하는 뇌의 능력만큼은 높이 살 만하다. 더구나 이 과정은 우리가 의식하지 못하는 사이 순식간에 진행된다. 가령 과거에 초록 눈의 이성과 사귀다 배신당한 적이 있다고 해 보자. 또다시 초록 눈의 사람에게 반하려 할 때 감정 시스템은 불안감을 일으키는 등 부적절하게 경고할지도 모른다. 이 경우 감정 반응이 적절한지 아닌지 의식적으로 판단해 봐야 한다.

감정은 다시 감정을 낳는다

우리는 느낌이라는 생리적 반응을 통해 감정을 몸으로 경험할 수 있다. 느낌은 뇌가 자율 신경계와 중추 신경계를 자극하는 신호를 보낼 때 만들어진다. 신경계는 근육을 비롯한 신체 기관에 영향을 준다. 자율 신경계에 속하는 교감 신경계가 활성화되면 심장박동 수가 증가하고 손에 땀이 나며 입이 바싹 마르는 등 긴장했을 때 나타날 법한 현상이 생긴다. 두려움을 느낄 때 교감 신경계는 외부 스트레스와 싸울 것인가 피할 것인가를 자동으로 결정하여 신체를 위협으로부터 대비시키는 '투쟁-도피' 반응을 일으킨다. 반면 부교감 신경계는 우리가 슬픔, 혐오감, 흥미 같은 감정을 느낄 때처럼 심장박동 수를 낮추어 안정을 되찾아 주는 역할을 한다.

감정은 우리 몸의 감각을 일깨울 뿐 아니라 감정을 해석하는 생각인 인식 cognition 을 만들어 낸다. 그래서 화가 나면 몸에서 열이 나고 긴장되고 예민해지며 부정적인 생각까지 하게 된다. 혐오감이 들면 매스꺼운 느낌과 무언가 더럽혀지거나 오염됐다는 생각을 품는다. 슬플 때도 마음이 무거워지는 느낌과 함께 불행하다고 생각하게 된다. 생각은 감정에 대한 반응으로 처음 나타나지만 그 후에는 생각만으로 감정이나 느낌을 불러올 수 있다. Lerner & Keltner, 2000 요컨대 감정은 인식을 낳고 인식은 다시 감정을 낳는다. Lazarus, 1984; M. Lewis, 2008; Zajonc, 1984 그렇다면 부정적인 생각을 하거나 분노, 걱정, 슬픔을 불러일으키는 대상을 떠올리면 어떤 현상이 생길까?

감정은 어떻게 만들어지는가

뇌는 단순한 과정만으로도 우리가 경험하는 모든 상황을 검토하여 감정을 일으키는 것이 유리한지 아닌지 결정할 수 있다. 상황과 사건, 자극을 판단하는 뇌의 기능을 평가 appraisal 또는 평가 경향 appraisal tendency 이라고 부른다. 어떤 상황이 우리에게 특별한 의미가 있다면 뇌는 어떤 감정을 일으킬지에 초점을 맞추어 그 상황을 평가한다. 이러한 평가는 우리가 의식적으로 통제하지 않아도 저절로 일어나며, 즉각적인 반응을 일으킨다.Winkielman, Zajonc, & Schwartz, 1997; Zajonc, 1980 뇌에서 평가 기능을 담당하는 부위는 중뇌에 위치한 아몬드형 구조인 편도체 amygdala 이다.LeDoux, 1996 평가 시스템은 어떤 행동이 우리에게 이로운지, 우리의 계획과 목표는 무엇인지 감안하여 사건과 상황을 처리하고 그것에 의미를 부여한다.Levenson, 1994

이러한 평가 능력이 어떻게 길러지는가에 대해서는 의견이 엇갈린다. 인간은 날 때부터 특정 상황에서 특정 감정을 느끼도록 만들어지는가, 아니면 생애 초기에 경험한 감정과 그 감정이 만들어 낸 기억이 이후에 경험하는 상황을 판단할 때 영향을 주는가? 감정은 특정 상황에 반응하게 하여 우리를 보호하는 역할을 하므로, 우리의 타고난 상황 판단 능력과 과거의 경험이 모두 감정을 일으키는 평가의 근거가 될 수 있다. 뒤에서 자세히 소개하겠지만 역겨움 역시 두 경로로 나타날 수 있다. 썩은 우유 냄새를 맡고 바로 역겨움을 느낄 수도 있지만, 우유갑에 표시된 유통기한이 두 주나 지

당신의 감정이 당신에게 말하는 것

난 것을 보고 상한 우유를 마셨던 과거의 느낌이 떠오르면서 역겨움이 밀려올 수도 있다.

일부 학자들은 특정 상황에서 느끼는 감정에 가장 큰 영향을 주는 요소는 기억이라고 주장한다. 그들은 우리가 의식적으로든 무의식적으로든 과거의 특정 상황과 얼마나 비슷한가를 근거로 현재 상황을 평가한다고 본다. Clore & Ortony, 2008; LeDoux, 1996 과거에 느꼈던 감정을 계속 연상시키는 상황을 평가 경향appraisal tendencies 이라고 한다. 평가 경향은 뇌가 특정 상황을 판단하는 고유한 방식을 뜻한다.

감정이 불러오는 행동에는 경향이 있다

우리의 뇌는 신속하게 사건이나 상황을 처리하여 의미를 부여한 뒤, 감정을 일으켜 필요한 행동을 유도한다. 뇌가 상황을 판단한 결과를 행동 경향action tendency 이라 한다. 행동 경향은 즉시 감정을 일으켜 행동으로 반응하게 한다. Clore & Ortony, 2008; Fredrickson & Cohn, 2008; Lazarus, 1994; LeDoux, 1996 행동 경향에는 편도체가 깊이 관여한다. 편도체는 부신 호르몬인 에피네프린아드레날린과 글루코코르티코이드 등 높은 수준의 스트레스와 관련된 호르몬 분비를 자극해 어떤 사건에 대한 기억을 강화하거나 약화한다. LeDoux & Phelps, 2008 좁은 오솔길을 걷다 똬리를 틀고 있는 독사와 마주쳤다고 상상해 보자.

뇌는 어떤 상황이 위험하다고 판단하면 즉시 우리에게 두려움을 일으켜 달아나거나 회피하는 행동을 유도한다. 하지만 반사적으로 반응하려는 충동이 생길 때에도 우리는 이 행동 경향을 인지적으로 고려할 능력을 지니고 있다. 그리하여 뱀을 봤을 때 잽싸게 달아나기보다 뒤로 슬금슬금 물러나는 쪽을 택할 수도 있다. 일단 두려움이 일면 이 사건에 대한 감정 기억이 형성되어 걸어가면서 계속 주위를 경계하게 된다.

감정을 다스릴 때는 감정을 일으키는 판단과 뒤이은 행동 경향, 거기에 따르는 생각을 반드시 고려해야 한다. 우리에게는 충동적으로 반응하고 행동하는 경향이 있지만 그런 반응을 통제하거나 바꿀 능력도 있다. 우리는 행동의 결과를 재빨리 예측할 수 있기 때문에, 격렬한 감정을 처리하는 가장 좋은 방법은 그 상황에서 가장 적절한 행동이 무엇인지 신속하게 판단하는 것이다. 앞선 사례에서는 뒤로 물러나는 것보다 즉시 피해 달아나는 것이 더 적절한 대응일 것이다. 자신의 감정을 잘 다스리려면 행동을 취하기 전에 먼저 어떤 감정이 드는지 고려하여 그 상황에 적절한 반응을 생각해 보는 습관이 필요하다.

감정에 따른 선택

감정 체계를 잘 이용하면 훌륭한 의사 결정을 할 수 있다. 의사 결정은 감

당신의 감정이 당신에게 말하는 것

정 반응의 영향을 많이 받는다. 경험을 평가하고 정리하여 어떤 행동을 취할지 알려 주는 것이 감정의 본래 목적이기 때문이다. 우리는 깊이 생각하지 않고도 감정을 통해 간단하고 신속하게 상황을 파악할 수 있다. 감정은 어떤 상황이 우리의 목표 달성에 도움이 되는지, 이 상황에서 어떻게 행동하는 것이 가장 적합한지 우리에게 알려 준다.

그렇다면 우리는 결정을 내릴 때 느낌을 따라야 할까? 무슨 수업을 들을지, 누구와 사귈지, 어떤 휴대 전화를 살지 결정할 때처럼 다양한 대안이 있을 때에는 어떻게 선택해야 할까? 때로는 어떤 선택을 했을 때 가장 기분이 좋을지를 근거로 느낌이 시키는 대로 판단한다. 다시 말해 감을 따른다. 하지만 최선의 선택을 하고자 기억 속의 여러 요인들을 신중히 검토하기도 한다. 이중 과정 이론dual process theory에서는 우리가 신중한 검토와 충동적인 기분을 모두 반영하여 다양한 출처의 정보를 근거로 의사 결정을 한다고 설명한다.Epstein, 1994; Osman, 2004

학자들은 여러 의사 결정 전략을 비교하여, 어려운 결정을 내릴 때는 자세한 정보보다는 느낌에 따르는 편이 낫다는 결론을 내렸다.Mikels, Maglio, Reed, & Kaplowitz, 2011 또 신중한 결정을 내리려고 너무 깊이 생각하면 오히려 감정에 휘둘릴 수 있다고 한다. 결국 이 연구의 결론은 일이 잘 안 풀릴 때는 너무 깊이 고민하지 말고 육감에 따르라는 것이다.

보편적인 감정은 존재하는가

감정의 분류 방법에 대해서는 지금까지도 학자들 사이에 의견이 분분하다. 심리학자 폴 에크만Paul Ekman 은 감정을 나타내는 보편적인 표정을 여러 문화권에서 폭넓게 연구했다. 표정은 우리가 느끼는 감정을 다른 사람에게 알려 주는 신호다. 에크만(1992)은 인간에게 행복, 놀람, 두려움, 슬픔, 분노, 혐오감, 경멸 등 보편적 감정이 있다는 증거를 확보했다. 다른 학자들은 수치심과 흥미 역시 인간에게 공통적인 표정으로 나타난다는 사실을 증명했다.Tomkins & McCarter, 1964 이후에 에크만(1999)은 기본 감정 이외에 수치심, 죄책감, 성과에 대한 자부심, 창피함, 흥분, 충만함, 감각적 쾌락, 만족, 안도, 재미 등을 보편적으로 표현되지 않는 감정으로 분류했다.

감정도 습관이다

하나의 감정은 몇 초 만에 지나갈 수도 몇 시간 동안 이어질 수도 있다.Ekman, 1994; Izard, 1993 어떤 학자들은 특정 상황에만 해당하는 순간적인 감정을 감정 상태emotional state 로, 한 사람이 어떤 감정을 자주 나타내는 경향을 감정 기질emotional trait 로 구분한다. 다시 말해 감정 기질은 어떤 감정을 유난히 자주 경험하는 경향을 말한다.Cattell & Scheier, 1961; Izard, 1991; Lerner

당신의 감정이 당신에게 말하는 것

& Keltner, 2001 친구가 우리를 화나게 하는 행동을 할 때는 분노라는 감정 상태를 경험한다. 그러나 걸핏하면 화를 내는 습관이 있는 사람은 분노의 감정 기질을 지녔으며 남들이라면 그냥 넘어갈 상황도 화나는 상황이라고 판단한다. 주로 과거의 경험이 이러한 성향을 만들어 낸다. 감정 기질은 특정 감정 상태를 남들에 비해 훨씬 자주, 강렬하게 경험하게 한다.

긍정적 감정과 부정적 감정

어떤 느낌을 주느냐에 따라 감정을 기쁨이나 흥분 등의 긍정적 감정과 분노나 두려움 등의 부정적 감정으로 감정을 분류한다. 그러나 엄밀히 따지면 이러한 분류는 적절치 않다. 감정의 목적이 정보 제공이라면 부정적 감정도 상황에 따라 우리를 지키는 긍정적 기능을 하기 때문이다. 반대로 흥분처럼 긍정적 감정도 적절히 해석되거나 통제되지 못해 위험한 행동을 유발한다면 부정적 결과를 낳을 수 있다.

자부심, 희망, 행복, 흥미 등 기분을 좋게 하는 감정은 목표를 위해 노력할 의욕과 에너지를 주기 때문에 긍정적 감정으로 분류된다. 이러한 감정들은 자신감, 호감, 사교성, 유연성, 열정, 친사회적 행동, 역경과 스트레스를 거뜬히 이겨 내는 능력, 신체적 건강과 관련이 깊다. Lyubomirsky, King, & Diener, 2005 회복 탄력성 resilience 에 관한 연구는 긍정적 감정이 괴로운 경험에서 벗어나게 하며, 나쁜 상황에서도 긍정적 의미를 찾아내 감정을 적절히 다스리는 데 도움을 준다고 밝혔다.Tugade & Fredrickson, 2004

긍정적 감정은 모든 일이 순조로울 때 주로 나타난다. 또한 주의력, 인지능력을 높이고, 행동 범위를 순간적으로 넓히는 한편 장기적으로는 건강과 행복, 생존에 유익하다.Fredrickson & Cohn, 2008 어떤 행동이나 생각이 긍정적 기분을 안겨 주면 사람들은 그 행동과 생각을 지속한다.Clore, 1994

긍정적 감정은 정말 건강에 유익할까? 분노, 불안, 우울 등의 부정적 감정은 과도한 흡연이나 음주, 과식 등 건강에 해로운 행동을 야기하는 반면 긍정적 감정은 고혈압, 당뇨 등의 병이 생길 확률을 낮춘다고 한다.Richman, Kubzansky, Maselko, Kawachi, Choo, & Bauer, 2005 그러나 사실 긍정적 감정이 우리를 보호하는 기능은 하지만 건강의 직접적인 조건은 아니다. 자신을 잘 돌보는 사람이 감정도 긍정적으로 관리할 가능성이 높기 때문에 이러한 결과가 나타나는지도 모른다.Richman et al., 2005 이유야 어찌 됐든 자기 앞가림을 잘하고 항상 긍정적으로 생각하는 태도는 건강한 삶의 중요한 조건이다.

이것만 기억하자

감정은 우리의 경험을 짧은 시간 내에 판단한 다음 생리적 신호를 보내 적절한 행동을 취하게 한다. 감정은 생각을 만들어 내지만 반대로 생각이 감정 반응을 일으키기도 한다. 감정 표현은 어떤 목적을 달성하고자 우리의 행동을 유도하며 다른 사람에게 신호를 보내는 역할도 한다. 모든 감정은 정보를 제공하고 행동 방향을 제시하는 기능을 하기 때문에 좋은 감정과 나쁜 감정을 선명하게 구분할 수는 없다. 또 스스로에게 긍정적인 느낌을 안겨 주는 감정은 다른 사람의 삶에도 긍정적인 영향을 줄 수 있다.

앞으로 우리는 구체적인 감정에 대해 알아보고 이 감정들을 직접 경험할 수 있는 상황을 살펴볼 것이다. 처음 등장하는 감정은 불안이다. 불안은 아무리 피하려 해도 계속 찾아오는 친구 같은 감정이다.

02

불안은
주의를

기울이라는
신호이다

우리 곁에 있는
'불안'

· · ♥ · · · · · · · · · · · · · · ·

마음을 온통 빼앗아 간 그를 혹시나 마주치기 않을까 기대하면서 집을 나선다. 길을 걷다 보니 불현듯 대문을 잠그고 나왔는지 신경 쓰인다. 집에 아무도 없기 때문에 혹시나 열어 놓고 나왔으면 어쩌나 불안해지기 시작한다. 이러한 불안감은 평상시와 달리 문단속을 잊은 게 아닌지 생각해 보라는 뇌의 경고다. 나는 계속 길을 걸으며 마음에 품은 그를 떠올린다. 이번에도 뇌는 불안감을 일으키지만 그를 떠올려서가 아니라 문을 잠그지 않은 탓에 생긴 감정으로 지레짐작한다. 하지만 막상 집으로 돌아와 확인해 보니 문은 잘 잠겨 있다. 잠시 내가 지나치게 강박적인 건 아닌가 하는 생각이 스친다. 하지만 꼭 그렇게 볼 수만은 없다. 불안을 느낄 때는 누구라도 이런 식으로 반응하기 때문이다. 그러나 여섯 번이나 집에 돌아와서 문이잠겼는지 확인한다면 병적인 수준이라 할 수 있다. 알고 보니 나는 그저 좋아하는 이를 만나지 못해 초조해 한 것이었다. 그래서 오늘 아침까지만 해도 기분이 매우 좋았다는 사실을 떠올리고, 그를 만나지 못해도 개의치 않으리라 다짐하며 마음을 가라앉힌다.

불안은 앞으로 다가올 일에 대비해야 한다고 경고하는 모호한 신호다. 불안할 때 우리는 각성 상태가 되므로 신경성 긴장과 흥분을 느끼며 휴식이나 수면을 제대로 취하기 어려워진다. 또 극히 조심스럽고 예민하며 신중해지는 등 과민 반응을 보이기도 한다. 불안은 뇌가 위협을 감지할 때 생기는 감정이기 때문에 이러한 반응이 나타나는 것도 무리가 아니다. 하지만 불안은 에너지와 집중력을 불어넣어 주의를 한데 모으게 한다는 이점이 있다. 모든 감정이 그렇듯 불안은 원인을 정확히 집어내기 어려워 이 감정에 빠지면 사람들은 주위 환경이나 지금의 걱정거리 탓으로 돌린다.Schachter & Singer, 1962 우리는 대체로 불안이 주는 느낌을 싫어하기 때문에 불안은 부당하게 나쁜 평판을 얻는다. 그래서 사람들은 불안의 이점은 무시한 채 불안을 없애는 데만 관심을 둔다.

불안은 방향을 제시한다

불안이라는 감정은 무언가에 주의를 기울이라고 경고하는 신호다. 하지만 주의할 대상이 정확히 무엇인지는 느낌과 생각을 바탕으로 각자 해석해야 한다. 말이 통하지 않는 외국에서 지나가는 사람에게 길을 물어보았다면 우리는 그의 손짓이 무엇을 의미하는지 쉽게 이해하지 못한다. 감정의 언어도 마찬가지다! 몸이 떨리고, 초조하며, 진땀과 현기증이 나고, 심장이 벌렁거리는 등 불안의 신호가 나타날 때 적절히 대응하는 것은 매우 이롭다. 중요한 시험 날 아침에 밀려오는 불안감은 정신을 바짝 들게 해 계산기나 공책 등 필요한 준비물을 빠뜨리지 않게 도와준다. 이렇듯 불안은 불편한 느낌과 생각을 유도해 행동의 방향을 제시한다. 하지만 그 방향을 따르려면 우선 불안이 우리에게 무엇을 말해 주려는지 알아야 한다.

불안은 의욕을 자극한다

신경 과학자들은 불안이 우리에게 이로운 생각을 하게 만든다고 믿는다.Luu, Tucker, & Derryberry, 1998 적당한 불안감은 집중력을 높이고, 신속하게 결정 내리게 하고, 활력을 준다. 육상 대회가 코앞에 다가왔을 때의 기분을 상상해 보자. 신경성 에너지 덕분에 정신이 깨어나고 기운이 넘칠 것이다. 불안감에서 나오는 신경성 에너지는 신체 기능뿐 아니라 인지능력도 향상시켜 대회 준비를 갖추도록 도와준다.

한 연구에 따르면 학생들은 불안의 신체 반응인 스트레스와 긴장이 증가하자 창의력과 생산성이 높아지고 성적도 향상되었다.Schraw, Wadkins, & Olafson, 2007 당신은 해야 할 과제가 있을 때 미리 해 두는 편인가, 아니면 마감일이 닥쳐야 부랴부랴 시작하는 편인가? 성공한 사람들의 공통점 중 하나는 과제를 제출 기한 훨씬 전에 시작하든 임박해서 시작하든 그 기한만큼은 확실히 지킨다는 점이다. 다만 불안을 언제부터 느끼느냐에 따라 일을 서두르거나 미루는 것이다. 어떤 사람은 할 일이 있다는 사실만으로도 불안을 느끼기 때문에 한시바삐 모두 해치우고 부담을 훌훌 털고 싶어 한다. 하지만 시간의 압박이 있어야만 불안감의 힘을 빌려 과제를 완성할 에너지와 의욕을 얻는 사람도 있다. 시간이 임박해야만 슬슬 움직이기 시작하는 사람을 '늑장꾸러기 procrastinator'라고 하는데, 이 명칭에는 다소 부정적인 어감이 담겨 있다. 하지만 정말 중요한 문제는 주어진 과제를 제대로 마무리해 좋은 결과를 얻느냐 아니냐일 것이다.

미적거리면서도 일을 제대로 해내는 사람과 끝내 임무 완수에 실패하는 사람의 차이는 무엇일까? 연구에 따르면 할 일을 제대로 하는 늑장꾸러기의 경우 막판의 시간 제약과 압박감에서 과제를 완성하려는 의욕을 얻는다고 한다.Chu & Choi, 2005 늑장꾸러기들은 자신감이 넘치고, 시간 압박을 즐긴다. 또 마감일까지 할 일을 끝내기는 해도 질질 끄는 습관이 있다. 학자들은 마감일까지 임무를 성공적으로 마치는 사람을 능동적 늑장꾸러기, 제대로 마치지 못하는 사람을 수동적 늑장꾸러기로 구분한다.

당신의 감정이 당신에게 말하는 것

불안이 불편한 친구가 될 때

불안감은 어떻게 받아들이느냐에 따라 마치 나쁜 친구처럼 우리를 잘못된 길로 유혹하기도 한다. 특히 불안 때문에 생긴 긴장을 불량 식품이나 술, 약물에 대한 욕구로 해석할 때가 그렇다. 하지만 설사 불안감을 해로운 방식으로 해소하려는 사람이 있다 해도 불안이라는 감정 자체가 이러한 문제를 일으킨다고 볼 수는 없다.

어떤 사람은 불안이 주는 느낌과 생각에서 벗어나려고 별의별 행동을 다 한다. 또 불안 민감성anxiety sensitivity을 지닌 사람은 불안감이 주는 신체 감각을 두려워한다. 이러한 감각이 나쁜 일을 예고하는 징조라고 믿기 때문이다.Reiss & McNally, 1985 예를 들어 불안 때문에 심장박동이 빨라지면 곧 심장마비를 일으킬 거라고 해석해 버린다. 불안 민감성이 높은 사람은 술을 많이 마시며, 불안을 극복하는 수단으로 음주를 선택하는 경향이 있다.DeMartini & Carey, 2011 그러나 불안이 주는 느낌과 생각에 흔들린다고 해서 반드시 알코올중독자가 되리라는 법은 없다. 술의 힘을 빌려 불안 민감성을 극복하려는 성향은 여러 다른 요인과 동기의 영향을 받는다.

어서 돌아갔으면 좋겠는데도 꾸물대며 떠나지 않는 친구처럼, 한 번 나타난 감정은 쉽사리 물러서지 않는다. 이럴 때 우리는 마치 마음에 안 드는 친구와 함께 있을 때처럼 안절부절못하고, 짜증을 내며, 감정이 주는 신호를 엉뚱하게 해석하기도 한다. 격렬한 불안이 찾아오면 우리 몸은 원인을 뚜렷이 알 수 없는 부정적인 감각을 느낀다. 그러나 어떤 사람은 불안이 주는 자극을 긍정적인 결과로 승화시키기도 한다. 예를 들어 열심히 공부하여 시험을 잘 봤다면 이는 불안감에서 집중력과 에너지를 얻은 덕분일 것이다. 때로는 시험이 끝난 후에도 왠지 불편한 마음이 가시지 않지만, 여전히 남아서 우리를 괴롭히는 감정은 앞서 집중력을 발휘하게 도와준 불안감과 같은 감정이다.

불안감이 생기면 우리는 이를 최대한 해소하려고 노력한다. 하지만 불안한 느낌과 생각은 다스리기 어려우며 때로는 현재나 미래에 대한 걱정으로 이어지기도 한다.

불안이 걱정을 낳을 때

우리는 당장 이번 주에 치를 시험을 걱정하기도 하고 장래에 원하는 직업을 얻을 수 있을지 염려하기도 한다. 걱정이나 반복되는 생각을 자주 하는 것은 뇌가 불안감의 원인을 찾으려 애쓰고 있다는 뜻이다. 우리 힘으로 어찌할 수 없는 미래의 일은 불안감을 일으키는 주된 원인이 된다. 우리는 늘 불안을 주는 대상에 주의를 기울이고 있다고 생각하지만, 통제할 수 없는 미래에 대한 걱정에 빠져 오히려 불안의 근본 원인을 외면하게 되기도 한다.

당신의 감정이 당신에게 말하는 것

걱정은 보통 불쾌함을 준다. 결코 바라지 않던 일이 일어나거나 목표를 달성하지 못하게 되는 등 나쁜 결과를 떠올리게 하기 때문이다. 그러나 미래에 영향을 줄 수 있는 현재의 행동에 주의를 기울이도록 경고하거나, 관심을 기울여야 하는 일이 무엇인지 돌아보게 하거나, 미래에 대비하려면 현재 무엇을 해야 하는지 알려 준다는 점에서 걱정이 우리에게 유익할 수도 있다.

자신의 성과나 외모, 행동에 지나치게 신경 쓰다 보면 완벽주의자라는 평가를 받기도 한다. 완벽주의 역시 불안감에서 나온 정신 상태로, 삶에 이롭기도 하지만 일상생활에 지장을 주기도 한다.

불안이 낳은 또 하나의 심리, 완벽주의

불안감에서 생기는 완벽주의는 사람마다 다르게 나타난다. 어떤 사람은 무슨 일이든 완벽하게 해내려는 욕심에 만족스러운 결과를 얻을 때까지 몇 번이나 마음을 바꾸곤 한다. 반면 일을 구상하는 단계에서는 시간을 오래 끌며 고민하다가도 일단 확신을 품고 나면 신속하게 추진하는 사람도 있다. 완벽주의가 꼭 나쁜 것만은 아니다. 건강한 완벽주의자는 실현 가능한 목표를 세워 그것을 달성하고자 노력하고, 중요하다고 판단한 문제에 시간을 투자하며, 할 수 있는 일과 없는 일을 가려 더 잘할 수 있는 방법을 찾으

불안은 불편한 느낌과 생각을 유도해
행동의 방향을 제시한다.
하지만 그 방향을 따르려면
불안이 우리에게 무엇을 말하는지 알아야 한다.

려 노력한다.Szymanski, 2011 그러나 건강과 행복을 해칠 정도로 완벽을 추구한다면 병적인 수준의 불안으로 보아야 한다.

불안은 나와 어떤 관계가 있을까

불안을 다스리기 어려울 때는 어떻게 해야 할까? 여러 사람 앞에서 발표를 하기 전에 마음이 초조해지고 심장박동이 빨라지며 진땀이 나고 머릿속이 어수선해지는 것을 경험하곤 한다. 하지만 이럴 때일수록 필요한 일에 더욱 집중해야만 불안감을 떨칠 수 있다. 심호흡을 하면 불안을 더는 데 도움이 되며, 사전에 최대한 철저히 준비하는 것도 하나의 방법이다. 또 불편하게 느껴지는 일을 반복하여 불안의 부정적인 측면에 익숙해질 필요도 있다.

불안을 주는 일이나 상황이 끝난 뒤에도 계속 긴장이 남아 있다면 불편한 느낌을 완화하는 데 주력해야 한다. 불안감이 가시지 않으면 평정심을 되찾기 어렵기 때문에 마음을 진정시킬 수 있는 건강한 방법을 찾아보는 것이 좋다. 남아도는 에너지를 운동으로 해소하거나 따뜻한 물에 샤워나 목욕을 하면 안정을 되찾는 데 도움이 된다.

불안은 자야 할 시간에 잠에 못 들게 방해하는 친구와도 같다. 시간이 째깍째깍 흐를수록 뇌는 더 큰 불안감을 일으키고 다음 날에 해야 할 일들을 일깨우며 우리를 괴롭힌다. 이럴 때는 중요한 일과 덜 중요한 일을 구분하고, 당장 해결할 수 있는 문제와 다음으로 미뤄야 할 문제를 가리는 것이 필요하다. 잠자리에 들기 전에 해야 할 일들을 꼼꼼히 정리하면서 내일을 충분히 대비해 놓자. 다음 날 마쳐야 할 일거리를 한곳에 쌓아 둔다든지, 휴대 전화나 메모지에 할 일 목록을 작성해 둔다든지 하여 기억을 쉽게 떠올릴 수 있는 환경을 만들자. 그래야만 불안감 때문에 밤새 뒤척이는 일을 피할 수 있다.

불안, 이것만 기억하자

불안감은 뇌가 막연한 위협을 감지할 때 생긴다. 불안이라는 감정은 초조한 긴장이나 흥분 상태를 유발하며, 심하면 휴식이나 수면을 방해하기도 한다. 하지만 불안을 느끼면 우리는 극도로 각성된 상태가 되기 때문에 평소보다 조심스럽고, 주의 깊고, 신중해진다. 또한 불안은 에너지와 집중력을 높여 코앞에 닥친 과제에 충실히 대비하게 도와주는 역할도 한다. 그러나 불안감 때문에 현재나 미래에 대해 지나치게 걱정하는 사람은 완벽주의자가 될 위험이 있다. 불안감에서 생기는 완벽주의는 일의 완성도를 높이는 데는 유용하지만 정도가 과하면 일상생활에 방해가 된다. 불안감이 남아 있으면 할 일 걱정에 잠을 쉬이 이루지 못한다. 자기 전에 일을 처리할 방법을 확실히 점검해 두면 뇌가 불안해하며 밤새 과로하는 일을 피할 수

당신의 감정이 당신에게 말하는 것

있다.

불안과 두려움은 복잡하게 관련되어 있다. 불안은 목표 달성에 도움을 주는 감정이므로 환영받을 때도 있다. 그러나 사람들은 두려움을 느끼는 상황만은 어떻게든 피하고 싶어 한다. 불안과 두려움의 차이가 궁금하다면 두려움이라는 복잡한 감정을 다룬 다음 장을 읽어 보자.

03

두려움은
자신을

보호하라는
경고이다

우리 곁에 있는
'두려움'

• • • ♥ • • • • • • • • • • • •

밤늦게 혼자 집으로 가는데 옆에서 부스럭부스럭 마른 잎을 밟는 소리가 들린다. 누군가가 어둠 속에 몸을 숨기고 있다고 상상하니 가슴이 두방망이질 치기 시작한다. 당장 달아나야 하나? 아니면 멈춰 서서 소리의 정체를 밝혀야 하나?

두려움은 누군가 덤불 속에서 갑자기 튀어나와 우리를 놀랠 때처럼, 안전이 위협받을 때 곧바로 나타나는 반응이다. 두려움이 생기면 우리는 겁을 먹는다. 이는 우리를 해칠 만한 위험이 닥쳤으니 당장 자신을 보호하라는 경고다.

진화 과정에서 두려움은 육식동물 등의 위협적인 존재로부터 인간을 보호하는 역할을 했다. 그러니 위험한 상황에서 두려움을 느끼는 건 어쩌면 당연한 현상이다. 두려움이라는 감정 덕분에 인간은 험난한 환경에 적응하며 지금까지 살아남을 수 있었을 테니 말이다. 두려움은 생존뿐 아니라 의사 결정에도 중요한 역할을 한다. 두려움 성향두려움이라는 감정의 지배를 받는 성격 특성을 지닌 사람은 대개의 사람들이 비교적 안전하다고 생각하는 상황에서조차도 위험을 전혀 감수하려 하지 않으며 위험 요소가 하나도 없는 상태를 선호한다.Sylvers et al., 2011 위험을 대하는 인간의 성향을 비교하는 연구에서, 두려움을 쉽게 느끼는 피험자들은 비관적으로 판단하거나 선택하는 경향이 강했고 같은 상황에서도 남들보다 위험을 크게 의식했다. 반면 상대적으로 행복이나 분노 성향이 강한 피험자들은 낙관적으로 판단하고 선택하며 위험을 과소평가하는 경향이 있었다.Lerner & Keltner, 2001 따라서 감정을 인식하는 방식과 그 감정이 의사 결정에 미치는 영향은 삶과 일, 목표를 대하는 우리의 태도와 긴밀하게 연결되어 있다.

투쟁, 도피, 그 밖의 반응

'투쟁-도피' 반응이란 동물들이 위협을 받을 때 일반적으로 나타내는 행동을 말한다. 동물들은 위험이 닥치면 같은 자리에 머물러 싸우거나 위험을 피해 달아난다.Cannon, 1929 하지만 동물이나 인간이 위협을 느낄 때 취하는 다른 반응도 있다. 제자리에 멈춰서거나, 죽은 척하거나, 꼼짝 않고 얼어붙기도 한다. 또한 몸싸움 대신 소리를 지르는 투쟁 반응이나 남들로부터 떨어져 혼자 틀어박히는 도피 반응을 보이기도 한다. 그래서 몇몇 학자들은 투쟁-도피 반응의 범위를 넓혀 '동결-투쟁-도피-놀람freeze-flight-fight-fright이라는 용어를 제안했다.Bracha, Ralston, Matsukawa, Matsunaga, Williams, & Bracha, 2004 다른 사람에게 기대어 도움과 사회적 지지를 얻거나 긴장과 위험, 불편을 덜어내는 전략인 '보살핌과 어울림tend-and-befriend' 반응도 포함하자고 제안한 학자도 있다.Taylor, Klein, Lewis, Guenewald, Gurung, & Updegraff, 2000

두려움이라는 감정은 그 순간에 가장 효과적으로 자신을 보호할 수 있는 방법이 무엇인지 알려 준다. 두려움이 일면 우리는 조만간 나쁜 일이 일어나리라고 예상할 수 있다. 누구나 살면서 잠시나마 강렬한 두려움을 느낀 적이 있겠지만, 사람들은 두려움을 느꼈으되 좋은 쪽으로 마무리된 경험을 더 잘 기억한다. 한창 두려운 상황에 있을 때 우리의 뇌와 몸은 빠져나갈 방법을 찾고자 경계 태세에 들어간다. 가장 난감한 경우는 투쟁, 도피, 동결 반응은 작동하지 않고 놀람 반응만이 나타나는 때이다.

작은 비행기를 탔는데 조종사가 잔뜩 긴장한 목소리로 엔진이 고장 났다고 방송하는 상상을 해 보자. 이럴 때는 누구나 공포를 느껴 금세 맥박이 빨라지고 진땀이 흐르며 숨이 가빠지는 한편, "이제 곧 죽겠구나."라고 생각한다. 이 경우 조종사가 적당한 장소를 찾아 비행기를 안전하게 착륙시키길 바랄 뿐 스스로를 지키고자 할 수 있는 일반적인 방법은 아무 소용이 없다. 자신의 생명을 다른 사람의 손에 맡기는 수밖에 없는 것이다. 그렇다 해도 두려움이라는 감정은 스스로를 지킬 방법을 찾으라고 우리를 재촉할 것이다. 이러한 상황에서 사람들은 자신을 지키기 위해 기도하거나 긍정적인 생각을 떠올리려 애쓴다.

두려움과 불안

두려움과 불안은 모두 위협 때문에 생기는 감정이어서 구분이 어렵다. 심리학 논문에서도 이 두 가지가 흔히 같은 의미로 사용된다. 미지의 존재에 대한 공포, 죽음의 공포, 오염 공포, 비행 공포, 재난 공포, 성공 공포, 실패 공포는 모두 '공포'라는 말로 표현되지만 실제로는 불안에 가까운 느낌이다. 공포증 phobia 역시 곤충, 폐쇄된 공간, 높이, 오염 등에 대한 두려움으로 알려져 있지만 사실은 불안 장애의 일종이다. APA, 2000 하지만 되도록 양자를 구분할 필요가 있다. 두려움과 불안은 눈앞의 상황을 회피하게 하거나, 감정을 보호하고자 현실을 왜곡하기도 한다. 따라서 정서 질환의 원인을 밝히는 열쇠가 된다. Öhman, 2010

어떤 학자들은 회피 행동을 보이는지, Sylvers, Lilenfeld, & LaPrairie, 2011 회피나 도피를 해야 원하는 결과가 나타나는지 Lang et al., 2000를 기준으로 두려움과 불안을 구분한다. 사람들은 두려울 때 회피 행동을 보이지만, 불안할 때는 잔뜩 경계하되 상황을 피하지는 않는다. 그러나 공포증과 같은 일부 불안

장애 상태에서는 원인을 제공하는 구체적인 대상이 있는 동시에 회피 행동도 나타난다. 이렇게 보면 두려움과 불안은 구분하기가 매우 어렵다. 분명한 차이점 한 가지는 앞으로 닥칠 위협에 대비해 경계 태세를 갖추게 하는 것이 불안의 주된 역할인 반면, 두려움의 목적은 눈앞의 위험에서 벗어나 자신을 보호하는 것이라는 점이다.Öhman, 2010

과거의 두려움이 다시 나타날 때

전혀 두려워할 상황이 아닌데도 과거에 느꼈던 두려움이 다시 나타날 때가 있다. 위험한 사건을 겪었을 때 느낀 감정이 현재에 되살아나는 증상을 '외상 후 스트레스 장애PTSD '라고 한다. 이제는 더 이상 위험하지 않다는 사실을 아무리 잘 알아도 뇌는 예전의 충격적인 사건에서 느꼈던 감정을 떠올리며 최악의 상황에 대비하려 한다. 외상trauma 후 반응은 문제의 사건이 일어난 날짜가 돌아오거나, 그 일을 연상시키는 대상을 접하거나, 그 사건과 비슷한 상황이 생길 때마다 다시 나타나곤 한다. 자동차 뒤편을 들이받히는 사고를 당한 사람은 몇 주나 몇 달이 지나도 같은 일을 또 당하지 않을까 두려워 틈만 나면 백미러를 들여다본다.

외상 후 스트레스 장애는 주로 두려움을 야기하는 사건을 계기로 생기지만 불안 장애에 속한다. 이 증상이 있는 사람은 전혀 위험하지 않은 상황에서도 과거의 경험을 떠올리며 위험을 인식한다. 기존의 끔찍한 사건이 두려움을 일으켰다면 외상 후 스트레스는 두려운 일이 일어날지 모른다는 불안감을 준다.

두려움과 경쟁

두려움은 우리에게 긍정적인 동기를 부여할 수 있다. 하지만 경쟁을 해야 하는 상황에서 두려움 탓에 전략을 바꾼다면 오히려 승리할 가능성이 낮아진다는 연구 결과도 있다.Fernandez Slezak & Sigman, 2011 나보다 강한 상대를 마주하면 나와 비슷한 수준의 사람과 경쟁할 때와는 다른 전략을 구사하려는 유혹을 받기 쉽다. 이 가설을 검증하기 위해 학자들은 피험자들을 시간제한이 있는 체스 게임에 참가하게 했다.Fernandez Slezak & Sigman, 2011 자기보다 실력이 약하거나 비슷한 상대를 만난 피험자들은 게임을 비교적 신속히 진행했고 그럴수록 승리하는 확률도 높아졌다. 하지만 점점 강한 상대를 만나자 이기는 것보다 지지 않는 데 치중하느라 느리고 정확하며 신중하게 게임에 임했다. 문제는 그럴수록 승리할 확률이 낮아졌다는 점이다. 패배를 피하려고 평소보다 보수적인 전략을 채택한 피험자들은 이길 확률이 줄었지만, 실력자를 상대할 때도 자신과 비슷한 수준의 상대에게 사용했던 전략을 고수한 피험자들은 승리할 가능성이 오히려 높아졌다. '두려운' 경

당신의 감정이 당신에게 말하는 것

쟁 상대를 만났을 때는 방어적인 전략으로 바꾸기보다 평소 전략을 고수하는 편이 유리하다는 사실을 잊지 말자.

두려움은 나와 어떤 관계가 있을까

어떤 일을 두려움 때문에 망설이고 있다면 두려움을 떨치려 노력하는 게 나을까, 아니면 그 일을 포기하고 자신을 보호하는 게 나을까? 서핑을 하고 싶지만 '두려움'실제로는 불안 때문에 선뜻 시도하기가 꺼려지는 상황을 상상해 보자. 어린 시절에 서핑을 하다 갑자기 상어가 나타나 기겁한 경험이 있다고 치자. 그렇다면 이번에는 다시 시도하는 게 옳을까? 실제로 위험이 존재한다면 그래야 한다고 단정하기 어렵다. 두려움 때문에 아무것도 못 하는 지경이 아니라면, 두려움을 느끼고 거기에 반응하는 것은 매우 자연스러운 태도다. 물속에 들어가기를 두려워하는 사람도 스카이다이빙이나 스노보드는 두려워하지 않을 수 있다. 하지만 조금이라도 위험한 활동은 덮어놓고 두려워하는 경향이 있다면 이러한 불안감을 극복할 필요가 있다. 과거에 두려움을 주었던 대상을 여전히 두려워하는 것은 지극히 정상적이고 건강한 현상이다. 하지만 예전 경험 때문에 품게 된 공포를 극복하고 싶다면 그 활동과 관계된 사람과 대화를 나누거나, 그 활동이 실제로 얼마나 위험한지 따져 본 다음 서서히 시도하는 것이 좋다. 또는 그 활동을 할 때 오로지 불쾌한 감정만 느껴진다면 차라리 다른 활동을 찾아보는 편이 낫다. 다만 두려움이 없다면 자신을 보호할 수도 없다는 사실만을 잊지 말자.

두려움, 이것만 기억하자

두려움은 안전을 위협하는 대상에 대한 즉각적인 반응이다. 두려움은 우리의 신체가 위험에 처했을 때 스스로를 보호하도록 유도하는 장치다. 동물이나 인간이 위험에 반응하는 방식은 다양하다. 두려움과 불안은 모두 위험에 대한 반응이지만, 불안은 앞으로 일어날 수 있는 위험에 대한 반응인 반면, 두려움은 실제로 닥친 위험에 대처하거나 회피하게 하는 기능을 한다. 외상 후 스트레스 장애는 정서적 기억 때문에 생기는 현상이다. 과거의 위험했던 경험에서 느꼈던 감정을 현재에도 똑같이 느끼는 것이다. 외상 후 스트레스 장애를 지닌 사람은 예전 경험에 근거하여 위험을 인식하기 때문에, 과거와 조금만 비슷한 상황에 처해도 그때와 같은 수준으로 불안을 느낀다. 두려움에 지배를 받는 정도는 사람마다 다르다. 두려움 성향을 지닌 사람은 다른 사람이 대수롭지 않게 여길 만한 위험조차 감수하기를 꺼린다.

누구나 창피를 당할까 봐 근심했던 경험이 있을 것이다. 사실 이럴 때 느끼는 감정은 창피함이라기보다 창피한 일이 생길 가능성에 대한 두려움

당신의 감정이 당신에게 말하는 것

이라고 보아야 한다. 어쨌든 창피함은 우리가 매우 자주 경험하는 감정이니 이 감정을 잘 이해한다면 다음번에 창피함이 찾아왔을 때 보다 현명하게 대처할 수 있을 것이다. 다음 장의 주제는 바로 창피함이라는 자의식적인 감정이다.

04

창피함은
다음에

더 잘하겠다는
다짐을 전한다

우리 곁에 있는
'창피함'

* * * * ♥ * * * * * * * * * * *

초콜릿 아이스크림이 떨어져 있는 벤치 위에 실수로 앉았다고 상상해 보자. 일어나 보니 밝은색 바지의 가장 민망한 부위에 거무스름한 얼룩이 져 있다! 화장실에 제때 가지 못해 생긴 자국으로 오해받을까 봐 오후 내내 마음을 졸이게 생겼다. 내 잘못이 아닌데도 창피를 느끼는 이유는 내가 행동 규범을 어겼다는 신호가 다른 사람에게 전달되기 때문이다. 그래서 창피를 벗어나려고 남들에게 초콜릿 얼룩이 생긴 이유를 열심히 해명한다. 허리에 스웨터를 둘러 얼룩을 가려 보기도 한다. 이렇게 내 잘못이 아닌 일이라도 남들이 나를 어떻게 바라볼지 의식한다면 창피를 느낄 수 있다.

우리는 대개 뜻하지 않은 일로 창피를 느낀다. 사회규범을 위반할 의도가 전혀 없었는데도 스스로에 대한 부정적인 감정을 품는 것이다. 연구에 따르면 사람들이 주로 창피함을 느끼는 경우는 발이 꼬여 넘어졌을 때, 음료를 쏟았을 때, 바지가 찢어져 있을 때, 자동차 시동이 꺼졌을 때, 은밀한 생각이나 감정을 들켰을 때, 방귀나 트림이 터져 나왔을 때, 뜻하지 않게 주목받았을 때, 상대의 이름을 잊었을 때 등이다.Keltner & Buswell, 1996; Miller, 1992; Miller & Tangney, 1994; Sattler, 1966 창피함은 살면서 흔히 느끼는 감정이므로 누구나 창피를 당한 경험 한두 가지쯤은 금방 떠올릴 수 있다.

우리를 언짢게 만드는 창피함이라는 감정에도 과연 유익한 점이 있을까? 우리는 창피할 때 다른 사람에게 잘못을 깨닫고 후회하고 있으며 다음번에는 더 잘하겠다는 뜻을 전달한다. 따라서 창피함은 사회질서 유지에 기여한다.Miller, 2007 창피함은 우리에게 어떤 사회 기준에 따라 행동하지 못했음을 깨우쳐 준다. 사회 기준을 어기면 남들의 평판과 스스로에 대한 인식이 모두 나빠질 수 있다. 중요한 발표를 하다가 우렁찬 트림이 터져 나왔다면 평소 나를 좋게 보던 사람에게 나쁜 인상을 심어 주지나 않을지 걱정스러운 마음에 창피함을 느끼게 된다.

창피함은 죄책감, 수치심, 자부심과 더불어 자의식적인 감정에 속한다. 창피함은 다른 사람과의 관계에서 생기는 감정이므로 감추고 싶은 모습이 폭로되는 느낌, 어색하고 불편한 느낌, 실수든 의도든 잘못된 행동을 한 데 대한 후회의 느낌이 주로 나타난다. 창피함을 비롯한 자의식적 감정은 우리의 행동을 지배하는 규범을 근거로 누군가가 우리의 행동, 생각, 감정을 부정적으로 평가하리라는 염려에서 생긴다.M. Lewis, 2008 그렇다면 창피함이라는 감정이 우리의 기분을 다른 사람에게 어떻게 전달하는지 알아보자.

창피함의 신호들

창피할 때 사람들은 바닥을 내려다보거나, 웃음을 억누르거나 참으며 입꼬리만 위로 올린다. 또는 고개를 돌리거나 얼굴을 만지기도 한다. Keltner & Buswell, 1997 창피함은 낯선 사회적 상황에서 느끼는 강한 불안감인 사회불안social anxiety 과 관계가 있다. 부정적인 평가를 두려워하고 시선을 피하는 등 창피함과 사회불안은 비슷하게 표현된다. Leary & Kowalski, 1995

　그러나 사회불안을 느끼는 사람과 창피를 느끼는 사람이 타인의 표정을 살피는 방식에는 큰 차이가 있다. 창피할 때는 다른 사람이 자신을 어떻게 생각할지 눈치 보면서도 시선 접촉을 피한다고 알려져 있지만, 실제 연구에 따르면 사회불안을 느낄 때와 달리 자신의 실수가 가져온 나쁜 결과를 돌이키고자 하는 마음에서 사람들의 감정 반응을 살핀다고 한다. Darby & Harris, 2010 주로 시선을 돌리며 아래를 내려다보기는 해도 다른 사람의 눈빛을 살피며 그들이 어떤 감정을 느끼는지 단서를 찾으려 애쓰는 것이다. Darby & Harris, 2010 결국 창피할 때 우리는 다른 사람의 기분이 상하지 않았는지, 기분을 풀어 주려면 어떤 행동을 해야 하는지 판단하거나, 창피한 행동이 남들에게 발각되었는지 살피려고 사람들의 표정, 특히 눈을 흘끔흘

끔 쳐다본다.

또 창피할 때는 얼굴이 빨개지는 경향이 있다. 하지만 모든 사람이 얼굴을 붉히지는 않는다. 얼굴홍조는 감정이 내분비선을 자극하여 아드레날린이라는 호르몬이 방출될 때 나타나는 현상이다. 아드레날린이 신경계에 영향을 주면 피부에 혈액을 공급하는 모세혈관이 확장되고 피부 표면 가까이 피가 돌면서 얼굴이 붉어지는 것이다. 흥미롭게도 목과 뺨 주위 혈관의 수용체가 팽창하는 원인은 사회적 위협이다.Drummond & Lance, 1997 사회적으로 받아들여지지 못할까 두려워 창피를 느낀다는 뜻이다. 그러나 얼굴이 쉽게 발그레해지는 사람에게 유리한 점도 있다. 얼굴홍조는 진심으로 후회하고 있다는 신호이기 때문이다. 얼굴에 홍조를 띠면 사회규범을 위반하거나 실수를 저질렀음을 인정한다는 인상을 주므로 보는 사람들의 신뢰와 긍정적 평가를 얻을 수 있다.Dijk, Koenig, Ketelaar, & de Jong, 2011 다시 말해 잘못을 저지른 뒤 창피해 하는 사람은 그렇지 않은 사람보다 쉽게 호감을 사고 잘못을 용서받으며 신뢰를 얻는다. 결국 창피함은 우리가 좋은 평가를 받도록 도와주는 셈이다.Keltner & Anderson, 2000 창피함을 느낄 때 사람들은 다시는 이런 일이 일어나지 않기를 바라지만 따지고 보면 창피함도 긍정적인 기능을 한다.

잘못을 저지른 뒤 창피해 하는 사람은
쉽게 호감을 사고 잘못을 용서받으며 신뢰를 얻는다.
결국 창피함은 우리가 좋은 평가를 받도록 도와주는 셈이다.

상황에 따라 창피함은 달라진다

평소에는 창피하게 받아들여지는 행동이라도 상황이나 환경에 따라 우습거나 재치 있는 행동이 되기도 한다. 형제자매나 배우자, 친한 친구 앞에서는 트림을 해도 창피하지 않다. 하지만 낯선 사람이나 직장 상사, 선생님, 친구 부모님 등 어려운 사람과 있을 때 같은 행동을 하면 매우 창피하게 느낀다. 이렇게 우리의 뇌는 창피함을 일으킬 때 사회적 상황도 고려한다.

　때로는 자부심이나 주목받고자 하는 욕망이 오히려 창피함을 유도한다. 잘 어울린다는 칭찬을 듣고 싶어서 새 옷을 입고 나갔다고 해 보자. 그런데 막상 누군가가 오늘따라 예뻐 보인다고 말해 주면 뿌듯하기보다 부끄럽다는 생각이 들 때가 있다. 이렇게 긍정적이라 할 수 있는 상황에서도 자신을 의식하고 남들의 주목을 받으면 창피함을 느낄 수 있다.

다른 사람의 행동에 나까지 창피해질 때

친구가 사회적으로 부적절한 행동을 하면 내 평판까지 나빠진다는 생각이 들 때가 있다. 연구자들은 요란하게 트림을 하는 등 누군가 공개적으로 불쾌한 행동을 하는 여섯 가지 상황을 연출했다. 그런 다음 피험자들에게 그런 행동을 한 사람의 친구를 평가하게 했다. Fortune & Newby-Clark, 2008 남부끄

　　　　　　　　당신의 감정이 당신에게 말하는 것

러운 행동을 한 사람의 친구는 자신도 덩달아 눈총을 받지나 않을지 속을 태웠지만 피험자들은 그들을 그다지 나쁘게 평가하지 않았다. 그러니 친구가 사람들 앞에서 큰 실수를 저질렀을 때 우리까지 싸잡아 욕을 먹을지도 모른다는 걱정은 덮어 두어도 좋다.

부끄럼을 잘 타는 사람들은 친구의 창피스러운 행동에 특히 영향을 많이 받는다. 한 실험에서는 면접을 앞두고 얼굴에 잉크 자국을 묻히고 있거나, 치아에 음식물에 껴 있는 사람을 등장시킨 다음 피험자들에게 이들이 창피 당하지 않도록 도울 기회를 주었다.Zoccola, Green, Karoutsos, Katona, & Sabina, 2011 이때 창피함에 민감한 피험자들은 제삼자를 의식하여 그들을 잘 도우려 하지 않았다.

스스로 창피를 잘 느낀다고 생각하는 사람이라면 내가 초콜릿을 깔고 앉았다는 사실을 누군가 친절하게 일러 주어 민망한 상황을 모면하게 해 주었다면 그가 얼마나 고마울지 생각해 보자. 그러면 왜 부끄럼을 무릅쓰고 저도 모르게 창피한 상황에 처한 친구를 도와야 하는지 알 수 있다.

창피함은 나와 어떤 관계가 있을까

우리는 창피한 일을 저지르고 나서 다른 사람들도 전부 우리처럼 그 일을 계속 되새길 거라고 착각하곤 한다. 사회심리학에서 말하는 '조명효과

spotlight effect'는 다른 사람들이 나의 모습이나 행동을 자기 일만큼 신경 쓸 거라고 과도하게 염려하는 경향을 말한다.Gilovich, Medvec, & Savitsky, 2000 사람들은 자신이 연극의 주인공이라도 된 양 창피했던 경험을 머릿속에서 수없이 떠올리는 경향이 있다.

민망한 기억에서 한 걸음 물러나, 그 사건을 반복 재생하는 것이 우리의 감정과 사람들 앞에서의 행동, 전반적인 기분에 얼마나 큰 영향을 주는지 반성해 보자. 결코 좋은 영향은 아닐 것이다. 당혹스러운 실수에만 집착하면 자존감과 전반적인 자기 인식에 악영향이 나타날 수 있다. 실수가 우리의 전부를 말해 주는 것은 아니다! 오히려 실수에서 교훈을 얻고 한층 성장할 수도 있다. 물론 우리의 창피한 행동을 두고두고 놀리는 친구도 있다. 누구나 그렇듯 친구들도 창피를 두려워하기 때문에 자신의 실수는 숨기고 남의 실수를 손가락질하는 것이다. 이럴 때는 웃는 얼굴로 실수를 인정하고 모두 잊어버리자. 자신의 창피한 행동을 당당히 인정하는 모습이 사람들에게 호감을 준다는 사실을 기억하자.

창피함, 이것만 기억하자

창피함은 대개 사회적 규범을 어길 의도가 없었는데도 뜻하지 않게 잘못을 저질렀을 때 경험한다. 하지만 긍정적인 상황인데도 자부심보다 창피함을 느낄 때가 있다. 창피함은 사회 기준에 맞게 처신하지 못했음을 경고하는 감정이기 때문에 민망하고 어색하고 불편한 느낌을 주며 후회를 불러일으킨다. 창피함을 느끼는 사람들은 시선을 아래로 떨구고 얼굴을 돌리며 사람들과의 접촉을 피한다. 또 다른 사람들의 눈빛에 드러난 표정을 살피며 그들이 어떤 감정으로 반응하는지 탐색한다. 창피할 때는 얼굴에 홍조를 띠는 사람들이 많지만, 창피하다고 누구나 얼굴을 붉히는 것은 아니다. 연구에 따르면 사회규범을 위반했을 때 창피를 느끼는 사람들은 그렇지 않은 사람들보다 쉽게 호감을 사고 용서와 신뢰를 얻는다고 한다.

창피한 행동을 저질렀을 때 사람들은 아무도 눈치채지 못하기를 바란다. 일부 학자들은 창피함을 강도가 약한 수치심이라고 본다.M. Lewis, 2008; Tompkins, 1963 수치심은 자신에 대한 부정적인 평가에 따르는 감정이다. 창피함과 수치심은 비슷한 면이 많지만 창피함과 수치심을 느낄 때 나타나는 표정과 태도에는 큰 차이가 있다.M. Lewis, 2008 수치심에 비하면 창피함은 훨씬 가벼운 감정이다. 다음 장에서는 수치심에 대해 살펴본다.

05

수치심을
피하려는 마음이

목표를
달성하게 한다

우리 곁에 있는
'수치심'

· · · · · ♥ · · · · · · · · · ·

수치심은 쥐구멍에 숨고 싶어질 만큼 강렬한 자의식이다. 하지만 다른 사람에게 수치심을 심어 주어 스스로의 수치심을 감추는 사람도 있다. 여자 친구에게 자격지심을 느껴 그녀가 자기를 버리고 떠날지도 모른다고 생각한 매슈가 그랬다. 그는 여자 친구와의 사소한 문제에도 안절부절못하며 속을 태웠는데 이는 결국 수치심으로 발전했다. 하지만 그는 감정을 제대로 다스릴 줄 몰랐기 때문에 안정감과 자존심을 회복하고자 여자 친구를 희생양으로 삼았다. 의도적으로 그녀에게 질투심과 수치심을 느끼게 만들었던 것이다. 그녀가 불안감과 무기력감에 빠지자 매슈는 그녀를 자기 뜻대로 조종하기 시작했다. 그녀는 항상 스스로가 부족하다고 느끼며 매슈가 무엇을 하는지 궁금해 안달하는 지경에 이르렀다. 그녀는 매슈가 다른 누군가와 함께 있지나 않은지 늘 마음을 졸였고 자신이 과연 매슈에게 어울리는 매력적이고 총명한 사람인지 의문을 품곤 했다. 어찌 보면 매슈는 자신의 수치심을 여자 친구에게 떠넘긴 덕분에 자부심과 안정감을 되찾을 수 있었다.

매슈의 경우는 친구든 적이든 상관없이 다른 사람에게 자신의 수치심을 전가하는 전형적인 예이다. 수치심이 얼마나 끔찍한지 직접 겪어 본 사람들은 어떻게든 이 감정을 해소하려고 안간힘을 쓴다. 수치심을 안겨 준 대상을 애써 잊으려 하거나 수치심을 억누르려고 상황이나 사건을 왜곡하기도 하고 매슈처럼 자신의 수치심을 다른 사람에게 넘겨씌우기도 한다.M. Lewis, 2008; Thomaes, Bushman, Stegge, & Olthof, 2008; Thomaes, Stegge, Olthof, Bushman, & Nezlek, 2011

다른 사람을 비난하거나 깎아내릴 때 자신의 수치심이 떨쳐지기도 한다. 수치심 탓에 스스로 보잘것없게 느껴질까 두려워 사람들은 다른 사람을 대신 폄하하거나 헐뜯는다. 남들의 흠을 찾아내어 수치스럽게 만들면서 자신의 가치를 높이는 것이다. 남을 괴롭히기 좋아하는 사람은 실제로 이런 식으로 행동한다. 그들은 어떻게 하면 사람들의 수치심을 자극할 수 있는지 금방 알아채고는 자기 수치심을 떠넘겨 버린다. 남을 괴롭히는 사람들이 이러한 행동을 하는 까닭은 자존감이 낮아서라고 알려져 있다. 하지만 연구 결과에 따르면 이들은 오히려 자존심이 강하고 수치심을 쉽게 느끼며 자신의 실수나 결점이 알려질까 두려워하는 경향이 강하다.Thomaes, Bushman,

Stegge, & Olthof, 2008 이들은 남에게 비열한 행동을 하면서 자존심을 유지한다. 그래야만 감추고 싶은 결점으로부터 다른 사람들과 자신의 주의를 돌릴 수 있기 때문이다. 결국 그들은 제7장에서 살펴볼 오만한 자존심 때문에 수치심을 숨기는 사람들이다.

수치심은 왜 모두가 떨쳐 버리려고만 하는 지극히 불편한 감정이 되었을까? 그건 바로 수치심이 우리의 자아 전체를 잠식하는 감정이기 때문이다.

수치심은 자아를 잠식한다

자의식적인 감정인 수치심은 남들이 눈치채든 못 채든 스스로 무능하고 부족하다고 여기며 치욕과 후회를 느낄 때 찾아온다. 수치심이 일면 자신의 존재 자체에 부정적인 감정을 품는다. 자신의 모든 것이 형편없다고 느끼며 어딘가로 숨거나 사라지고 싶어 한다.H. B. Lewis, 1971 수치심에는 사회적 기능도 있다. 수치심을 느낄 거라 예상될 때에 사람들은 충동적인 행동이나 사회적으로 부적절한 행동을 자제한다.

수치심은 잘못된 행동을 후회하며 앞으로는 그러지 말아야겠다고 다짐하게 하는 죄책감과 혼동될 때가 많다. 죄책감을 느끼는 사람은 그 사실을 금방 인정하거나 남들에게 쉽게 털어놓지만 수치심을 느낄 때는 자기 입으로 떠벌리는 경우가 드물다. 수치심을 느낄 때 자신이 저지른 행동과 인격이 분리되지 않기 때문에 감정을 숨기고 싶어 하는 것이다.Lewis, 1971 한마디로 수치심은 죄책감과 달리 '나쁜' 행동과 '나쁜' 자아를 구분하지 않는다.

　다른 사람, 환경, 상황이 수치심을 안겨 줄 수도 있지만 스스로 정한 이상이나 기준에 도달하지 못했을 때도 수치심을 느낀다. 다른 것과 비교해 스스로 열등하다고 느낄 때, 감추고 싶은 비밀을 남들에게 들키거나, 지능, 외모, 능력 등이 모자라 보일까 봐 걱정할 때도 수치심을 느낄 수 있다. 요컨대 사건이나 상황 자체보다 그 사건과 상황에 대한 우리의 해석이 수치심을 유발하는 것이다.M. Lewis, 2008

수치심과 분노

자존심이 꺾이고 수치스러운 상황에서는 화가 나 분노를 느낄 수 있다. 다른 사람과 비교당하거나, 버림받을지 모른다는 위협을 느끼거나, 경쟁자가 나보다 잘나간다는 생각에 시달리는 상황 등에서 그렇다. 수치심을 느끼는 사람이 경험하는 분노는 모든 것을 집어삼키는 불과 같아서 우리의 의식에까지 지배의 손길을 뻗친다.

　학자들은 수치심이 고통스럽고 파괴적인 감정이기 때문에 분노와 같은 부정적인 감정으로 대신 표현된다고 보았다. 분노를 표출하면 비난을 외부로 돌려 내부에서 느끼는 열등감을 숨길 수 있다. 수치심에 특히 취약한 사

당신의 감정이 당신에게 말하는 것

람들은 실패하거나 무시당하거나 웃음거리가 되었을 때 수치심을 감추려고 버럭 화를 내곤 한다. 그들은 자신의 실수나 결점은 인정하지 않고 분노를 터뜨리면서 누군가 다른 사람의 잘못으로 수치스러운 사건이 일어났다며 외부로 책임을 돌린다. 학자들은 수치심에 가장 민감한 시기인 청소년기에 수치심이 분노로 표현되는 현상을 확인하기 위해 연구를 실시했다.Thomaes, Stegge, Olthof, Bushman & Nezlek, 2011 연구 결과 수치심이 타인을 향한 분노와 적대감을 일으킨다는 기존 가설은 유효했다. 학자들은 수치심에서 생긴 분노에 굴욕 분노 humiliated fury 라는 이름을 붙였다.Thomaes et al., 2011

실패한다는 두려움

실패가 두려운 이유는 할 일을 제대로 해내지 못하거나 목표를 실현하지 못했을 때 다른 사람들이 이를 어떻게 받아들일지 신경 쓰이기 때문이다. 실패에 대한 우려는 성공을 재촉하는 원동력이 되지만 무기력감과 수치심을 야기할 수도 있다. 실패한다는 두려움은 우리에게 열정과 에너지를 주는 한편 참담한 감정도 안겨 준다.

실패의 두려움을 현명하게 이용하려면 우선 이 말이 무엇을 의미하는지 이해해야 한다. 실패의 두려움은 사실 두려움이라는 감정과는 별 관련이 없고 오히려 불안이나 수치심에 가깝기 때문에 이름이 잘못 붙었다고 봐야 한다. 즉 실패의 두려움은 실패 자체보다 실패 때문에 수치심을 느낄까 봐 불안해하는 감정이다. Atkinson, 1957; Birney, Burdick, & Teevan, 1969; McGregor & Elliot, 2005 그렇다 해도 '실패의 두려움'이 '수치심을 느낄지도 모른다는 불안감'이라는 말보다는 덜 거슬린다. 목표 달성에 실패할 경우에 느낄 굴욕감을 피하고 싶다면 이를 악물고 성공해야 한다. 어떤 감정을 피하고 싶은 마음이 목표 달성의 촉매제가 되다니 얼마나 흥미로운가! 하지만 실패에 대한 두려움에서 진짜 두려운 것이 수치심이라면 사람들이 왜 그리 실패를 피하려는지도 이해할 만하다. 수치심은 누구나 꺼리는 감정이기 때문이다.

그러나 어떤 사람들은 실패의 두려움이 느껴질 때 바로 체념해 버린 채 수치심이라는 감정을 익숙하게 받아들이기도 한다. 노력을 그만두는 것 역시 실패의 두려움으로부터 자신을 지키는 방법이다. Elliot & Thrash, 2004 실패는 우리에게 부정적인 메시지를 전달한다. 자신이 하찮고 능력이 부족한 존재이기 때문에 사람들에게 외면당할지도 모른다고 느끼는 것이다. Elliot & Thrash, 2004 이렇듯 실패에 대한 두려움은 동기를 부여하고 성공을 향한 의욕과 집중력을 심어 주지만 고통을 안기기도 한다.

당신의 감정이 당신에게 말하는 것

수치심은 문화의 영향을 받는다

수치심은 자기 인식에 영향을 주지만 자기 인식 역시 우리가 속한 문화의 영향을 받는다. 아시아 문화권의 공자 사상에서는 자아를 '대아 大我'와 '소아 小我'의 개념으로 구분한다. 대아는 가족, 사회, 국가 등의 공동체를, 소아는 그런 공동체에 속한 개인적 자아를 뜻한다.Zou & Wang, 2009 중국 사회에서 사람들은 대아의 도덕적 이상을 추구하고자 소아를 희생하도록 요구받는다.Zou & Wang, 2009 학자들은 오로지 소아에만 집착하는 사람일수록 실패했을 때 자신을 더 가혹하게 평가하고 수치심도 더 크게 느낀다는 연구 결과를 발표했다. 그러나 자신의 행동이 대아에 해당하는 공동체에 폐를 끼쳤다고 생각할 때는 수치심보다 죄책감을 느낀다고 한다. 이 연구에 따르면 우리의 생각은 물론 감정도 자기 인식과 사회적 역할에 큰 영향을 미친다.Zou & Wang, 2009

수치심은 나와 어떤 관계가 있을까

원인이 무엇이든 수치심은 자기 인식에 나쁜 영향을 미친다. 수치심을 느낄 때는 질투, 화, 분노, 불안 등은 물론이고 슬픔, 우울, 결핍, 고독, 공허감 같은 감정도 나타날 수 있다. 수치심이 위험한 이유는 이 때문이다. 심한 수치심을 경험하면 자신을 부정적으로 바라보는 시각이 형성되어 긍정적인 자아 정체감을 회복하기 어려워진다. 하지만 수치심에서 벗어나는 방법도 얼마든지 있다.

다른 감정과 마찬가지로 수치심의 원인을 찾을 때도 한 사람이 처한 환경과 현재 관심사를 충분히 고려해야 한다. 대인 관계에서 질투, 부러움, 분노 등 강렬한 감정을 느낀다면 그 감정의 이면에 수치심이 자리 잡고 있다는 경고로 이해할 수도 있다. 그러니 남의 수치심을 떠안지 않도록 주의하는 한편 수치심을 감추고 싶은 충동을 경계해야 한다. 수치심을 숨기려 할 때 오히려 중독, 강박 행동, 냉혹한 자기비판 등 그 자체로 더 심한 수치심을 일으킬 수 있는 행동이 뒤따를 수 있다. 따라서 수치심에 빠졌을 때는 자부심을 느꼈던 경험을 떠올리면서 거기에서 빠져나오려 노력해야 한다. 자랑스러운 기억이 떠오르지 않는다면 당장 자부심을 높이기 위해 무엇을 할 수 있을지 생각해 본다. 제7장 참고 지금보다 발전한 내 모습을 상상해 보는 것이 수치심을 극복하는 데 유용하다.

자신이 저지른 행동 때문에 수치심을 느낀다면 절대 책임을 회피하려 하지 말자. 그리고 자신에 대한 비판적인 시각이 수치심을 일으키는 것은 아닌지 점검해 보자. 자기 행동에 실망할 때와 자기 존재 자체에 수치심을 느낄 때를 구분할 줄 알아야 한다.

당신의 감정이 당신에게 말하는 것

수치심, 이것만 기억하자

수치심은 어딘가로 숨고 싶을 만큼 강렬한 자의식이며, 자아 전반에 결함이나 문제가 있다고 느끼게 만드는 사회적 감정이다. 스스로 정한 이상이나 기준에 맞추지 못하면 수치심을 느낄 수 있다. 우리가 '실패에 대한 두려움'이라고 생각하는 감정은 사실 실패 자체에 대한 두려움이기보다 그 실패가 가져올 수치심이다. 하지만 실패에 대한 두려움은 우리의 의욕과 열정을 자극하며 비참한 기분을 피하고자 목표 달성에 집중하게 하는 기능도 한다. 우리는 다른 사람을 깎아내리거나 그들에게 경멸감을 표하면서 수치심을 극복하기도 한다.

수치심은 잘못된 행동을 했을 때 양심의 가책을 안겨 주고 다음번에는 더 잘하겠다는 각오를 다지게 하는 죄책감과 혼동될 때가 있다. 하지만 수치심과 달리 죄책감을 느낄 때는 '나쁜' 행동을 '나쁜' 자아로부터 분리할 수 있다. 다음 장을 읽으면 죄책감을 쉽게 느끼는 게 좋은 일인지 각자 판단할 수 있을 것이다.

죄책감은
타인을 아프게 했다는

사실을
깨우쳐 준다

우리 곁에 있는
'죄책감'

· · · · · · ♥ · · · · · · ·

죄책감은 의도했든 아니든 나의 행동이 다른 사람의 신체나 감정에 상처를 주었을 때 느끼는 아주 꺼림칙한 사회적, 자의식적 감정이다. 하지만 이렇듯 불쾌한 기분을 안겨 줄 만한 행동을 애초부터 피하게 한다는 순기능도 한다. 즉 죄책감은 잘못을 개선하고자 취하는 조치나 행동과 관계가 있다. M. Lewis, 2008 실수를 바로잡고 다른 사람과의 관계를 회복하고자 노력해야만 죄책감이 주는 감정 상태를 해소할 수 있다.

죄책감은 사회유대나 인간관계에 해가 되는 행동을 하지 않도록 경고하는 역할을 한다. 죄책감은 타인을 염려하고 그들의 입장을 고려하게 하는 사회적 감정이다. 우리는 자라면서 어른들로부터 어떤 행동이 옳고 그른지, 어떤 행동을 해도 되는지 아닌지 배운다. 그 결과 '옳은' 행동이 아니라고 생각되는 일을 하면 죄책감을 느낀다. 또 스스로 잘못된 행동을 했다고 판단되면 후회와 죄책감 때문에 계속 신경을 쓰게 된다. M. Lewis, 2008

죄책감에 대한 반응

죄책감을 느낄 때 하는 행동은 개인의 성향이나 기질에 따라 다르다. 죄책감을 느낄 만한 잘못을 저질렀을 때 시정하려고 애쓰는 사람도 있지만, 자기 잘못을 인정하고 행동을 고치는 것을 힘들어하는 사람도 있다. 습관적으로 사과하고 사소한 잘못에도 죄책감을 느끼는 사람부터 누구나 큰 잘못이라고 여길 행동을 하고도 눈도 깜짝하지 않는 사람까지 매우 다양하다. 옳은 일을 하는 데 집착하는 사람이나 올바른 행동 기준을 무시하는 사람이나 죄책감을 다루기 어렵기는 마찬가지다. 하지만 잘못은 인정하거나 실토하지 않으면 바로잡기 어렵다. 이럴 때는 죄책감과 수치심이 동시에 나타나 영향을 주고받는다. 죄책감과 수치심의 차이를 알면 죄책감을 느낄 상황에서 사람들이 나타내는 다양한 반응을 이해하는 데 도움이 된다.

죄책감과 수치심

대학생을 대상으로 죄책감과 수치심의 차이를 조사한 연구가 있다.Tangney, 1993, 1995 연구에 참가한 학생들은 수치심을 죄책감보다 훨씬 고통스럽고 설명하기 힘든 감정으로 묘사했다. 또 수치심을 느낄 때는 자신이 작고 열등하며 무기력한 존재처럼 느껴진다고 응답했다.Tangney, 1993, 1995 죄책감과 비교하자면 수치심은 남들 앞에 낱낱이 까발려졌을 때처럼 어디론가 숨고 싶다는 충동을 강하게 일으키지만 이런 감정을 남에게 쉽게 털어놓지는 못한다.

자기 존재 자체를 부정적으로 느끼는 수치심과 달리 죄책감은 잘못된 행동에 초점을 둔다.H.B. Lewis, 1971 사람들은 자신의 잘못이 드러나면 수치심을 느끼면서 그 행동을 숨기려 한다. 특히 남이 나의 행동에 불쾌함을 표현하면 저도 모르게 이렇게 반응하게 된다. 이럴 때는 당장 사과해야 옳다. 하지만 남들의 지적 자체가 수치심을 준다면 잘못을 인정하고 사과하기가 더 어렵다.

죄책감의 원인

죄책감은 우리가 다른 사람을 아프게 했다는 사실을 깨우쳐 주는 신호다. 상처받은 사람에게 후회하는 마음이 직접 전달되지는 않겠지만, 그들이 입은 피해를 우리가 보상해 줄 수 있다는 가능성만으로도 죄책감을 조금은 덜 수 있다. 론의 아버지는 늘 론에게 좋은 성적을 받아야 한다고 잔소리했다. 론도 아버지의 말씀을 따라야 한다고는 생각했지만 의욕이 잘 생기지 않았다. 그런데 어느 날 아버지가 병원에 입원하여 힘든 수술을 받게 되었다. 론은 당연히 아버지가 걱정됐지만 그보다 죄책감을 더 크게 느꼈다. 아버지의 병이 자기 탓이 아니라는 걸 알면서도 그동안 아버지의 기대에 부응하지 못했다는 생각에 마음이 무거웠다. 마음속의 죄책감을 덜고자 론은 학교에서 더욱 열심히 공부하기로 결심했다.

이처럼 극단적인 상황은 흔치 않겠지만 론의 사례는 젊은이들이 부모와의 관계에서 흔히 느끼는 죄책감을 잘 보여 준다. 11세, 14세, 17세 학생들이 각각 어떤 이유로 죄책감을 느끼는지 연구한 결과 모든 연령에서 죄책감을 품는 주된 원인은 부모와의 관계로 밝혀졌다.Williams & Bybee, 1994 또한 11세부터 17세까지의 학생들이 느끼는 죄책감은 책임을 소홀히 하거나 목표 달성에 실패했을 때 두 배 이상 커지는 것으로 나타났다. 다만 스스로 부모의 기대에 미치지 못한다고 생각하는 학생 중에는 고통스러운 죄책감을 느끼면서도 아무렇지 않은 척 행동하는 경우가 많았다.

오늘날에는 사회적으로 용인되는 생각과 행동의 범위가 넓어져 과거에는 죄책감을 느꼈을 행동을 거리낌 없이 하기도 한다. 지크문트 프로이트(1930/1961a)는 죄책감이 생기는 주된 원인은 힘 있는 존재에 대한 두려움과 부모의 사랑을 잃을지 모른다는 두려움이며, 이러한 두려움이 결국 옳

당신의 감정이 당신에게 말하는 것

고 그름을 구별하는 내적 감각인 양심으로 발전한다고 믿었다. 또 문화는 죄책감을 강화하여 사회질서와 안정을 유지하는 기능을 한다고도 보았다. 100여 년 전에는 많은 사람들이 자신의 충동과 행동에 대해 강한 죄책감을 느꼈는데, 이러한 감정이 쉽게 병으로 이어져 심리 치료법이 크게 발달했다. 내면의 충동을 표출하고픈 열망과 그것을 억제하려는 노력이 충돌하면서 나타나는 증상이라는 사실을 환자에게 인식시키는 것이 치료의 핵심이었다. 한 세기가 지난 오늘날에도 자신의 생각, 행동, 잘못에 대해 느끼는 강렬한 죄책감 때문에 마음의 병을 얻는 사람들이 나타나고 있다.

하지만 권력자에 대한 두려움과 부모의 사랑을 잃을지 모른다는 두려움만이 죄책감의 원인이 되는 것은 아니다. 남들을 배려하고, 자기 행동의 결과에 책임지거나, 잘못에 대해 죄책감을 느끼는 능력은 어린 시절 사회화 경험을 통해 길러지는 공감 능력이나 친사회적 능력에서 나온다. 이렇게 사람들과의 관계에 초점을 맞추어 죄책감을 이해하려는 입장에서는 죄책감의 주된 원인이 공감과 애착 관계를 잃는 것에 대한 불안감이라고 강조한다.Baumeister, Stillwell, & Heatherton, 1994 공감은 다른 사람의 입장이 되어 그의 느낌, 생각, 태도를 이해하고 공유하는 능력이다. 이러한 의미에서 죄책감은 타인의 고통에 공감하고 그 고통에 책임을 느낄 때 생긴다.Hoffman, 1982 또 사회적으로 고립될 가능성이 있거나 관계를 이어 나가고 싶은 사람과 멀어질 때 느끼는 불안 역시 죄책감의 형태로 나타날 수 있다.Baumeister, Stillwell, & Heatherton, 1994; Jones & Kugler, 1993

잘못이 없는데도 죄책감을 느낄 때

내 잘못이 아닌 일로 비난을 받는다고 생각해 보자. 이럴 때도 우리는 죄책감을 느낄까? 사소한 실수에도 쉽게 자신을 탓하거나 잘못하지 않은 일에도 사과하는 사람들을 보면서 브라이언 파킨슨Brian Parkinson 과 새러 일링워스Sarah Illingworth(2009)는 죄책감이 자기 비난을 하는 성향과 관계가 있는지 의문을 품었다. 첫 번째 실험에서 피험자들은 가까운 사람에게 특별한 이유 없이 꾸지람을 들었을 때 죄책감을 느꼈다고 보고했다. 그러나 이것은 자기 비난 성향보다는 다른 사람의 고통에 노출되었기 때문에 나타난 결과였다. 두 번째 실험에서 피험자들은 잘 모르는 사람에게 이유 없이 비난을 받았다. 그 결과 대부분은 별로 죄책감을 느끼지 않았지만 일부 피험자들은 그저 비난받는 것만으로도 죄책감을 느꼈다고 보고했다. 부정적인 사건에 대해 스스로 책임을 느껴 죄책감을 품는 사람도 있다는 점을 고려하여 연구진은 자기 비난과 남들에게 받는 비난 사이의 관계를 밝히는 세 번째 실험을 실시했다. 사람들은 스스로를 비난하지 않더라도 다른 사람에게 비난을 받으면 죄책감을 느낄 수 있다는 것이 마지막 연구의 결론이었다. 비난받을 상황이 아닌 때조차 죄책감을 느낄 수 있기 때문에 죄책감은 스스로 비난받아 마땅하다는 생각보다는 타인과의 관계를 회복하려는 목적에서 나온다고 할 수 있다. 결국 이 일련의 연구는 죄책감이 인간관계를 유지하도록 돕는 사회적 감정이라는 사실을 확인했다.

당신의 감정이 당신에게 말하는 것

죄책감은 의도했든 아니든
나의 행동이 다른 사람에게 상처를 주었을 때 느끼는 꺼림칙한 감정이다.
하지만 한편으로 죄책감을 느낄 만한 행동을 애초부터 피하게 해 주기도 한다.

죄책감은 나와 어떤 관계가 있을까

죄책감은 우리가 책임져야 할 잘못을 바로잡으라고 경고하는 신호다. 죄책감을 느낄 때 반드시 행동을 취해야 하는 것은 아니지만 내가 느끼는 죄책감이 너무 지나친 건 아닌지, 죄책감이 전달하는 메시지를 피하고 싶다면 그 이유는 무엇인지 생각해 봐야 한다.

죄책감은 우리가 어떤 잘못을 저질렀을지도 모른다는 사실을 알려 주지만 그에 따라 어떤 조치를 취할지는 우리 자신에게 달려 있다. 예를 들어 친구를 질투해 친구가 사람들 앞에서 실수하기를 바라는 여학생은 이런 나쁜 생각을 했다는 데 대해 강한 죄책감을 느낄 것이다. 그래서 도리어 친구를 칭찬하거나 다른 사람 앞에서 치켜세우면서 죄책감을 떨치려 할 것이다. 질투나 경쟁심을 심하게 느낄 때 오히려 친절하게 행동하는 것이 적절한 태도인지는 논란이 있다. 그러나 사회규범과 인간관계를 유지하는 죄책감이라는 감정이 없다면, 친구를 질투하는 여학생은 소셜 미디어를 통해 아무렇지도 않게 친구의 험담을 퍼뜨릴지도 모른다. 어떻게 보느냐에 따라 죄책감은 유익할 수도 해로울 수도 있다.

죄책감, 이것만 기억하자

죄책감은 의도했든 아니든 나의 행동이 다른 사람의 신체나 감정에 상처를 주었을 때 그 상황을 시정하라고 경고하는 신호다. 죄책감을 덜기 위해서는 당초에 죄책감을 느끼게 한 행동을 바로잡아야 한다. 죄책감을 느낄 때 취하는 태도는 사람마다 다르다. 어떤 사람들은 남을 해치고도 죄책감을 무시하며 이기적으로 행동할 수 있다. 시대의 변화에 따라 사회적으로 용인되는 생각과 행동의 범위도 넓어져 과거에는 죄책감을 안겨 주었을 행동도 거리낌 없이 하는 경우를 볼 수 있다. 생애 초기의 사회화 경험은 타인을 배려하고, 자신의 행동이 어떤 결과를 가져올지 이해하며, 공감 능력과 친사회적 행동을 개발하는 데 큰 영향을 준다.

창피함, 수치심, 죄책감 외에도 자의식적, 사회적 감정으로 자부심을 들수 있다. 자부심은 목표 달성을 위해 계속 노력하려는 의욕을 준다.

07

자부심은
건강한

열정을
안겨 준다

우리 곁에 있는
'자부심'

. . . . . . ♥ . . . .

감정의 주된 목적은 우리가 어떤 목표나 성과를 이루도록 이끌어 주는 것이다. 자부심이라는 감정에도 목적이 있다. 자부심은 어떤 행동의 결과로 생기는 긍정적인 상태를 뜻하므로 자부심을 느낄 때 기분도 좋아진다.M. Lewis, 2008 자부심을 높일 방법을 인위적으로 찾는다는 게 의아하게 생각될 수도 있지만 성공한 사람들은 언제나 자부심을 지니려 노력한다. 자부심은 건강한 열정을 안겨 준다. 만약 수치심이나 창피함을 없앨 해결책이 필요하다면 자부심을 높일 방법을 찾아보자.

켈시는 학교에서 가장 인기 있는 남학생 코디에게 사랑받는다는 이유로 우쭐해 했다는 사실이 창피했다. 관계가 끝나고 모든 것이 지난 일이 되자 자신이 한없이 못나고 수치스럽게 느껴졌다. 켈시는 코디와 가까이 지낼 때는 특별한 사람이 된 듯한 느낌을 받았지만 이제 와서 생각해 보니 남의 힘에 기댄 자부심일 뿐이었다. 누구나 흠모하는 코디에게 사랑받는다는 사실에 의기양양했던 것이다. 한 주 내내 자기혐오에 빠져 있던 그녀는 코디를 사귀기 전부터 스스로를 그다지 사랑하지는 않았음을 깨달았다. 그녀는 그저 특별한 존재가 되고 싶었는지도 모른다. 켈시는 코디 없이도 자부심을 느낄 수 있는 방법을 찾기로 결심했다. 만약 우리가 켈시의 입장이라면 어떻게 자부심을 찾아야 할까?

우리의 자부심이 남들에게 말해 주는 것

사회적 상황에서 자부심을 표현하면 사람들에게 자신의 가치와 자신감, 중요성을 드러낼 수 있다. 가슴을 쫙 편 채 당당히 서 있거나, 턱을 치켜들거나, 엷은 미소를 띠는 등 말없이 자부심을 표현하는 행동은 다양한 문화권에서 공통적으로 나타난다. Tracy & Robbins, 2007 수치심 같은 감정을 느낄 때와 자부심을 느낄 때 표정과 자세가 어떻게 달라질지는 충분히 예측할 수 있다. 자부심을 느낄 때의 표정은 보편적이지만 이러한 감정 표현이 어떻게 받아들여질지는 문화권마다 차이가 있다.

진화 과정에서 자부심이라는 감정은 개인의 사회적 지위를 다른 사람에게 알리는 역할을 했다. 자부심을 드러내는 사람은 중요한 인물로 받아들여진다는 뜻이다. 사회적 지위가 높은 사람은 한정된 자원을 차지하거나 마음에 드는 배우자를 고를 수 있는 등 많은 혜택을 누린다. 하지만 현대사회에서도 이러한 자부심의 표현이 사회적으로 통할까? 심리학자 아짐 샤리프 Azim Shariff 와 제시카 트레이시 Jessica Tracy (2009)는 자부심을 드러내는 사람이 실제로 지위가 높은 인물로 인식되는지 알아보았다. 여섯 차례 실험 결과 이들은 혐오감, 두려움, 행복, 분노, 수치심, 창피함 등을 표현할 때보다 자부심을 드러낼 때 신분이 높은 사람으로 인식된다는 증거를 확보했다. 자부심과 사회적 지위의 상관관계가 모두 높게 나타났다는 사실로 볼때, 자세를 당당히 가다듬고 엷은 미소를 띠며 목을 곧게 펴는 등의 자부심을 표현하는 행동이 곧바로 높은 사회적 지위를 암시한다는 가설은 충분히 검증되었다. 결국 자부심이 넘치는 사람들은 자신의 사회적 지위가 높다는 메시지를 다른 사람에게 전달하는 셈이다. 반면 분노를 발산하면 힘 있는 인물처럼 보이기는 해도 다른 이들에게 위협을 주어 외면받게 된다. 결국 스스로의 성취에서 나오는 자신감을 자연스럽게 표현하는 게 유리하다.

자부심과 다른 감정들

자기평가나 대인 관계에 따르는 감정이라는 점에서 자부심은 창피함, 죄책감, 수치심과 더불어 자의식적 감정에 속한다. 하지만 자부심은 긍정적인 감정인 반면 창피함, 죄책감, 수치심은 고통스러운 감정이다. 물론 이러한 자의식적 감정들도 서로 관련되어 있다. 자부심에 창피함, 수치심, 죄책감 등이 따라오는 경우가 그렇다. 무언가를 성취하여 자부심을 느낀다 해도 사람들에게 인정받고 싶다는 욕심, 누군가를 밟고 올라섰다는 죄책감, 남들이 나의 성공을 치켜세울 때의 창피함 등이 뒤따를 수 있다. 또한 우리는 창피함, 수치심, 죄책감을 유도하는 행동을 삼가는 것만으로도 자부심을 느낄 수 있다.

자부심은 동기를 부여한다

자부심을 느낄 때는 자신을 긍정적으로 바라보고, 낙관적이고 뿌듯한 감정을 경험한다. 자신의 가치에 대한 전반적인 태도를 뜻하는 자존감과 달리 자부심은 어떤 일을 잘 해낼 때처럼 구체적인 상황에 대해 느끼는 감정이다. 일단 성공으로 자부심을 느끼고 나면 우리는 더 대단한 성취를 바란다.Fredrickson & Branigan, 2001 자부심을 안겨 주었던 경험은 꾸준히 노력하여 장기적인 목표를 달성하고자 어려운 상황에서도 포기하지 않는 열정을 심어 준다.Williams & DeSteno, 2008

당신의 감정이 당신에게 말하는 것

자부심에서 나온 자만심

무언가를 성취할 때 느끼는 자부심은 자신에 대한 확신을 심어 주지만 지나친 자신감으로 이어질 가능성도 있다. 하지만 지나친 자신감이 꼭 나쁜 것일까? 사실 지나친 자신감도 우리에게 도움이 되거나 유익한 결과를 가져올 수 있다. 지나친 자신감은 상황을 잘못 판단하여 이상적이거나 비현실적인 기대를 품거나 위험한 결정을 내리게 만들 수 있지만, 승산이 있는 상황에서 물러서지 않고 경쟁할 용기를 주며, 야망, 믿음, 의욕을 북돋워 준다.Johnson & Fowler, 2011

우리는 자신감 넘치는 사람을 신뢰하는 경향이 있다. 비즈니스 관계에서 상대방의 능력과 결과를 확신할 수 없을 때는 강한 자신감을 드러내는 것이 최고의 전략이라는 연구 결과도 있다.Johnson & Fowler, 2011 연구자들은 경쟁을 통해 얻을 수 있는 대상의 가치에 따라 싸움에 뛰어들지 말지 여부가 결정된다고 추정했다. 예컨대 마음에 드는 배우자를 차지하기 위해서라면 위험을 무릅쓰고 경쟁할 가치가 있을 것이다. 연구자들은 이 개념을 비즈니스에서 속임수를 쓰는 경우에까지 확장했다. 허위 마케팅이나 광고로 소비자들이 제품을 구매하도록 유도해 많은 이익을 남길 수 있는 경우라면, 소비자들의 실망, 분노, 소송 등의 위험은 흔히 무시되곤 한다. 존슨과 파울러(2011)에 따르면, 소비자에게 제품을 팔아서 얻는 이익이 부당한 거래로 고객이 실망하거나 분노하여 소송을 걸 위험 이상의 가치가 있다는 생각도 과도한 자신감에서 나온다고 보았다. 비즈니스에서 이 정도 위험의 대가는 경쟁력을 잃는 것에 비하면 아무것도 아니다. 이제부터 허위로 광고하는 제품을 보면 제품을 홍보하는 사람들이 감수해야 할 위험은 기만적인 전략으로 우리에게 물건을 팔아서 얻는 이익으로 보상받는다는 사실을 잊지 말자.

오만함이 나에게 말을 걸 때

자부심이 반드시 우리를 자기중심적으로 만드는 것은 아니지만 오만함은 자기중심적인 태도와 관련이 깊다. 오만함은 지나치게 자신감이 넘치는 태도를 뜻하며 거만하거나 이기적인 자부심을 느낄 때 나타난다.Tracy & Robbins, 2007a 오만함은 일반적으로 스스로를 아주 대단한 사람으로 여기는 것을 뜻한다. 자부심을 느낄 때는 자신의 행동이 좋은 결과를 가져왔다고 생각하지만, 오만함을 느낄 때는 자신이 원래 대단한 사람이라서 대단한 일을 해냈다고 생각한다. 즉 오만함은 행동과 자아를 분리하지 않는다.Lewis, 2008 그런 점에서 자신의 행동이 나쁜 결과를 가져오면 자아 자체에 대해 부정적인 감정을 품게 되는 수치심과 같다.

연구자들은 오만함이 자기중심적인 방식으로 자신을 내세우거나 과장하는 자기애적 자기 확대 narcissistic self-aggrandizement 와 관련된다고 밝혔다.Tracy & Robbins, 2007b 또 자부심을 잘 느끼는 사람은 수치심에 취약하지 않은 반면, 오만함은 수치심을 잘 느끼는 성향과 관계가 있으며 수치심을 감추는 수단이 되기도 한다.Tracy & Robbins, 2007b 자부심, 오만함, 수치심은 복잡한 감정이며 우리의 행동을 지배한다. 5장에서 우리는 남을 괴롭히는 사람은 자존감이 높지만 수치심에는 매우 취약하다는 사실을 배웠다. 그러나 일반적으로 그런 사람들은 자존감이 낮을 거라는 인식이 강하다. 우리는 위의 연구에서 남을 괴롭히는 사람의 자신감은 오만함에서 나온다고 추측할 수 있다. 그들은 수치심을 쉽게 느끼는 성향을 감추고자 일부러 오만한 태도를 보인다.

자의식적, 사회적 감정은 집단 내 관계를 조정하는 방식으로 진화해 왔다. 자부심은 다른 사람에게 자신의 신분을 드러내기 위한 감정인데 자부심을 표현하는 사람은 높은 사회적 지위를 인정받는다. 이렇게 자부심이라는 감정이 자신의 지위를 높이고자 발달해 온 반면 오만함은 신분을 허위로 높이고 스스로의 성공 가능성을 과장하기 위해 발달해 왔다.Tracy & Robbins, 2007a 우리가 아는 사람 중에도 공격적인 행동을 통해 유명해지거나 과장된 자신감으로 부정하게 사회적 지위를 획득한 사람들이 있다. 어쨌든 유명세를 얻고 싶은 사람이나 거드름 피우기 좋아하는 리더에게는 오만함의 이러한 기능이 꽤 매력적으로 느껴질 것이다.

자부심은 나와 어떤 관계가 있을까

자부심은 성공을 돕는다. 자부심이 주는 생각과 느낌을 일단 경험하고 나면 계속 유지하고 싶어진다. 목표 달성에 실패할 때 느끼는 수치심이나 죄책감과는 대조적으로 자부심은 성취할 수 있다는 자신감을 안겨 준다. 하지만 자부심을 지속하고 싶다면 현실적인 목표를 정하는 것이 중요하다. 그러니 최종 목표를 향해 서서히 다가갈 수 있는 단계별 목표를 세우자. 장애물을 만났을 때는 그 자리에서 포기하기보다 지금까지 기울인 노력에서 자부심을 찾아보고 필요하다면 다른 해결책도 모색해 보자. 각 단계를 성취할 때마다 느끼는 자부심은 노력을 지속하는 힘이 된다. 자신 있게 달성할 수 있는 작은 단계로 목표를 나누어 이행한다면 실패에 따르는 수치심이나 죄책감이 두려워 지레 포기하는 일을 막을 수 있다.

기분이 울적할 때는 과거에 자부심을 안겨 주었던 경험을 떠올려 보자. 내가 이루어 낸 성과와 잘했던 일을 되돌아보고 어떤 어려움을 이겨 냈는지도 생각해 보자. 자부심을 안겨 줄 만한 일이나 이루고 싶은 목표를 적어 보는 것도 유용하다. 머릿속에 목표를 간직하는 것만으로도 그 목표를 향해 한 발짝 다가갈 수 있다. 또 가슴을 쫙 펴고 당당하게 서서 고개를 쳐들고 엷은 미소를 지으며 자부심이 가득한 사람의 자세를 취해 보자.

당신의 감정이 당신에게 말하는 것

자부심, 이것만 기억하자

자부심은 무언가를 성취했을 때 느끼는 긍정적인 심리 상태다. 자부심을 표현하면 다른 사람에게 자신이 얼마나 가치 있고 중요한 사람인지 알릴 수 있으므로 자부심은 개인의 사회적 지위를 높여 주는 역할을 한다. 자부심은 자신을 긍정적이고 낙관적으로 바라보는 데에도 도움이 된다. 자부심이 지나치면 자만으로 이어질 수 있지만 자만심 역시 우리에게 유용할 때가 있다. 오만함은 지나치게 자신감이 넘치는 태도를 뜻하며 자신에 대해 거만하거나 이기적인 자부심을 느낄 때 나타난다. 오만함은 자랑스러운 행동과 자기 자신을 분리하지 않는다. 그래도 오만함은 진화 과정에서 누군가와 경쟁해야 할 때 상대방에게 자신의 힘을 과시하는 기능을 했다.

다음 장에서는 자신의 내면 또는 외부와 동떨어졌다고 느낄 때 찾아오는 감정인 외로움을 살펴본다. 외로움에도 목적이 있다고 상상하기는 어렵지만 여느 감정과 마찬가지로 외로움 역시 우리에게 필요한 정보와 자극을 준다.

08

외로움은
다가설

용기를
준다

우리 곁에 있는
'외로움'

· · · · · · · ♥ · · · · · · ·

조녀선은 10년 동안 같은 동네에 살면서 친구 세 명과 깊은 우정을 나누었다. 그런데 어느 날 조녀선의 가족에게 사정이 생겨 다른 도시로 이사를 가야 했다. 새 동네에서도 조녀선은 전화나 이메일, 소셜 미디어로 옛 친구들과 연락을 이어 갔지만, 학교에서 어울려 다니거나 주말에 함께 시간을 보낼 사람이 없다는 게 무척 아쉬웠다. 무엇보다 자신을 잘 이해하는 친구들이 멀리 있다는 생각에 마음이 허전했다. 이사한 첫 달에는 아무 데도 가고 싶지 않고 아무것도 하기 싫었다. 조녀선은 무기력하고 슬펐으며 남겨 두고 온 모든 것, 특히 친구들이 몹시도 그리웠다. 새 학기가 시작되어 학교에서 새로운 아이들을 만났지만 쉽게 친해질 수 있을 것 같지 않았다. 어쨌든 조녀선은 노력했다. 새 환경에 완전히 적응하고 주위 사람들과도 충분히 가까워졌다고 느끼기까지 거의 2년이 걸렸지만, 고향에 남겨 둔 옛 친구들과 비교하지 않기로 마음먹고 나니 좋은 친구도 새로 사귈 수 있었다. 조너선은 대학에 진학하면 완전히 새로운 출발을 하겠다고 다짐했다. 하지만 그는 깊은 우정을 쌓으려면 많은 시간이 필요하다는 사실을 이미 잘 알고 있었다.

외로울 때 우리는 모든 감정에 목적이 있다는 사실을 이해하기 어렵다. 고통스럽기만 한 외로움에 대체 어떤 목적이 있다는 걸까? 하지만 외로울 때 어떤 느낌과 생각을 마주하는지 떠올려 보면, 외로움은 어딘가에 소속되고픈 욕구가 충족되지 못했음을 경고하려고 찾아온다는 것을 알 수 있다. 특정한 감정을 경험할 때 어떤 행동을 취할지는 각자에게 달려 있지만, 외로움은 그 상태를 벗어나는 데 필요한 조치를 취하도록 우리를 자극한다. 외로움은 슬픔, 무기력, 삶에 대한 의욕 상실 등을 특징으로 하는 우울증과 혼동될 때가 있다. 외로움에 빠지면 사람들은 한동안 상황을 바꾸고자 하는 의욕을 느끼지 못하기 때문이다.

사랑하는 이성 친구가 있어도, 친척이나 친구가 아무리 많아도 여전히 외로울 수 있다. 친밀감을 나누고자 하는 욕구가 충족되지 않는다고 느끼는 순간 우리는 외로움에 휩싸인다. 감정은 대개 특정 사건이나 자극을 계기로 생기는데, 외로움은 의미 있는 관계가 끝나거나 다른 사람과의 관계에서 정서적 만족을 얻지 못할 때, 사랑하는 사람을 잃거나 생활환경이 바뀌어 인간관계에 변화가 생길 때, 누군가에게 제대로 이해받지 못한다고 느낄 때 나타난다.

외로운 사람들의 특징을 알아보고자 심리학자들은 사람들이 외로울 때 주로 나타내는 감정과 생각, 행동을 분석했다.Horowitz, French, & Anderson, 1982 그들은 타인들로부터 고립되었다는 느낌, 사랑받지 못한다는 느낌, 또래 집단에서 배제되었다는 느낌, 열등감, 친구를 어떻게 사귀어야 할지 모르겠다는 막막함 등 대부분 대인 관계와 관련된 특징을 보였다. 또 외로운 사람들은 수줍음이 많고 자존감이 낮으며 소외감을 느끼고 세상이 공평하지 않다고 믿을 뿐 아니라 외부 통제성, 즉 자기 자신이 아닌 타인, 운명, 우연이 인생의 사건과 결정을 좌우한다는 생각에 지배받는다고 한다.Jones, Freemon, & Goswick, 1981

결국 외로운 사람들의 전형적인 특징은 낮은 자아 존중감과 무력감이다. 즉 외로운 사람의 경우 다른 사람과 친해지고자 접근하는 방법이 적절하지 못하며 능숙한 사회적 기술을 갖추지 못했다는 뜻이다. 외로운 사람은 거부당할지도 모른다는 두려움에 다른 사람을 과도하게 경계하기 때문에 계속 외로울 수밖에 없다고 지적하는 학자도 있다.Weiss, 1973 외로운 사람은 우정에 거는 기대가 지나쳐 그 기대에 부합하는 사람을 찾기 어렵다는 견해도 있다.Jones et al., 1981 또 연구에 따르면 외로운 사람들은 관계 맺기를 주저하는 경향이 있어 다른 사람의 눈에 사회참여에 무관심하거나 냉담한 사람으로 비친다고 한다.Jones et al., 1981

외로움을 느끼면 우리는 마음 속에 허전함을 느끼고 누군가에게 진정으로 이해받기를 갈구한다. 친구가 없는 사람은 인생의 공허감을 덜어 줄 사람을 바라기 마련이다. 그러나 외로움은 객관적인 상황과 무관할 수도 있다. 친구가 아무리 많더라도 그 관계가 일시적이고 무의미하거나 또는 진정으로 바라는 친밀한 관계가 아니라는 생각이 들면 외로움을 느낄 수 있다. 그래서 많은 친구에 둘러싸여 있거나 사람들이 가득한 공간에 있어도 불현듯 외로움이 찾아오곤 한다.

외로움 이겨 내기

인간은 누구나 다른 사람과 관계 맺을 필요가 있다. 믿기 어렵겠지만 뇌는 지금도 우리가 친구를 찾도록 열심히 돕는다. 한 연구에 따르면 최근에 따돌림을 당한 적이 있는 사람들은 새로운 인간관계가 필요하다는 이유만으로 사회적 상황에서 남들과 다른 행동을 보인다고 한다.DeWall, Maner, & Rouby, 2009 이들은 반감을 띤 얼굴보다 미소 짓는 얼굴에 훨씬 더 많은 관심을 기울이며 감정을 나누고 싶어 했고 자신을 받아 주는 사람을 찾으려 애썼다. 사회에서 배척될 것을 두려워하는 사람들은 타인에게 받아들여지고 싶은 강한 열망 때문에 호의적인 얼굴을 감지하려 안간힘을 쓰는 것이다.DeWall et al., 2009 이 연구는 다른 사람과 관계를 맺는 것이 우리에게 얼마나 중요한지 잘 보여 준다. 또 이 연구를 통해 우리는 인간의 뇌가 타인을 탐색하도

당신의 감정이 당신에게 말하는 것

록 진화해 왔음을 잘 알 수 있다.

외로울 때 우리는 누군가 먼저 다가와 친구가 되어 주기를 바란다. 그러나 외로움을 빨리 떨치고 싶다면 스스로 손을 내밀어야 한다. 자신의 속내를 털어놓고 인간관계에서 겪을 수 있는 위험을 기꺼이 감수하며, 자신감을 갖고 남들에게 적극적으로 반응하는 태도 등은 외로움을 극복하는 훌륭한 전략이다.Davis & Franzoi, 1986 청소년기의 외로움과 자기 개방self-disclosure에 대해 연구한 마크 데이비스Mark Davis 와 스테판 프랜조이Stephen Franzoi (1986)에 따르면 외로운 사람은 자기만의 세계에 파묻히거나 남들이 보이는 긍정적인 반응에 지나치게 예민해지는 경향이 있으므로, 사람들을 대할 때 그들의 진짜 의도가 무엇인지 늘 주의를 기울여야 한다. 연구자들은 자신의 이야기를 들려주고 자신의 말에 대한 타인의 반응을 경청하면 외로움을 더는 데 도움이 된다고 조언한다.

고독과 외로움

고독은 외로움과 다르다. 비록 이 둘은 떼려야 뗄 수 없는 관계지만 반드시 동시에 나타나지는 않는다. 혼자 보내는 시간이 많다고 꼭 외로운 것은 아니다. 고독이 창조적인 생각을 할 기회를 주고 휴식을 취하거나 혼자만의 활동을 즐기게 하는 기분 좋은 경험이라고 여기는 이들도 많다. 혼자 있을

고통스럽기만 한 외로움에 대체 어떤 목적이 있을까?
외로움은 어딘가에 소속되고픈 욕구가
충족되지 못했음을 경고하려고 찾아온다.

때 두려움이나 불안을 느끼는 사람도 있지만 이러한 감정도 외로움과는 다르다. 또 사회 활동에 뒤따르는 불안을 피하고자 혼자 있는 편을 택하는 사람도 있다.

외로운 기분

외로운 기분은 슬픔이 오래 지속될 때의 느낌과 비슷하지만 원인이 분명하다. 삶에서 서로 아껴 주고 깊이 이해할 수 있는 대상이 없다고 느낄 때 생기는 슬픔이라고 할 수 있다. 기분은 오래 지속되는 정신 상태라는 점에서 감정과 차이가 있다. 우울함도 여러 측면에서 외로움과 다르지만 외로움이 오래 지속되면 스스로 우울하다고 믿게 된다. 외로운 사람은 우울한 사람보다 자신의 기분을 인간관계의 탓으로 돌릴 가능성이 높다.Anderson, Horowitz, & French, 1983 다만 외로운 사람과 우울한 사람 모두 타인과 만족스러운 관계를 맺는 데 실패한 원인을 자신의 무능 탓으로 돌리는 경향이 있다.Anderson et al., 1983

당신의 감정이 당신에게 말하는 것

소속 욕구

어느 문화권에서든 사람들은 집단에 소속되고픈 욕구를 느끼며, 인간의 감정과 행동은 이러한 욕구를 충족시키는 방향으로 움직인다. Baumeister & Leary, 1995 사회적 유대감은 끊는 것보다 유지하는 데 훨씬 많은 노력이 필요하다. 단순히 다른 사람과 접촉한다고 외로움을 없앨 수 있는 것은 아니지만 개인적인 접촉은 지속적인 관계 형성에 매우 중요하다.

대학생을 대상으로 실시한 연구에서는 비교적 덜 외로운 사람일수록 남에게 자기 이야기와 감정을 쉽게 털어놓는 경향이 있다고 밝힌다. 또 자신에 대한 정보를 공유하고 나면 상대방을 더욱 친밀하게 느낀다고 한다. Davis & Franzoi, 1986 결국 다른 사람에게 자신이 어떤 사람인지 이야기하면 상대방과 가까워질 수 있고 외로움도 덜 수 있다.

외로움은 나와 어떤 관계가 있을까

외로울 때는 자신의 인간관계가 만족스럽지 못하게 느껴지는 한편 다른 사람들은 모두 자신이 간절히 바라는 친밀한 관계를 누리거나 집단에 잘 적응하는 것처럼 보인다. 관계를 열망할 때는 외로움이 영원히 끝나지 않을 것처럼 느껴지기도 한다. 그래서 외로운 사람들은 누구에게도 환영과 사랑을 받지 못한다고 느끼고 자신감이 없으며 스스로 하찮은 존재라고 생각하며 절망과 불안에 빠지곤 한다. 반면 다른 사람과 가까워지면 우리는 스스로를 가치 있는 사람이라 여길 수 있다. 외로움을 느낄 때는 그 원인을 자기 탓으로 돌리기 쉽다. 하지만 자신을 탓하며 외로운 감정을 억누르기보다는 차라리 관심을 돌려 외로움에서 벗어날 다른 방법을 찾는 편이 낫다.

또래 친구에게 마음을 열어 내가 저지른 멍청한 행동에 대해 솔직히 털어놓거나 학교생활의 어려운 점 등을 공유한다면 외로움을 덜 수 있다. 그러니 옆자리에 앉은 친구에게 진솔한 나의 이야기를 들려주자. 물론 약간의 위험을 무릅써야 하지만 외로움을 덜고자 한다면 누군가 다가와 말을 걸 때까지 기다릴 이유가 없다.

개인의 신상에 관한 이야기를 나누려면 믿을 만한 사람을 찾아야겠지만 자기 이야기를 다른 사람에게 털어놓은 다음에는 그를 더욱 믿을 수 있고 친밀하게 느끼게 되므로 외로움도 떨칠 수 있다. 학자들은 가족 간에 서로에게 힘이 되는 따뜻한 사이를 유지하면 자기 노출 없이도 외로움을 해소할 수 있다고 조언한다. Davis & Franzoi, 1986

당신의 감정이 당신에게 말하는 것

외로움, 이것만 기억하자

외로움은 현재의 인간관계로는 어딘가에 소속되고 이해받고 싶어하는 우리의 욕구가 충족되지 못한다고 깨우쳐 주는 역할을 한다. 연애 중이거나 많은 지인과 친구에 둘러싸여 있어도 외로움을 느낄 수 있다. 이럴 때 외로움은 우리에게 외로움을 덜 수 있는 행동을 하라는 신호를 주는 것이다. 외로운 사람은 흔히 자존감이 낮고 무기력감을 쉽게 느낀다. 고독은 외로움과 다르며 이 두 감정이 반드시 동시에 나타나는 것도 아니다. 혼자만의 활동에서 즐거움을 얻거나 사람들과 떨어져 있는 시간에 재충전을 하는 이들도 적지 않다. 우울 또한 외로움과 다르지만 외로움이 길어지면 우울하다고 느낄 수 있다. 외로움을 떨치기 위해서는 누군가 다가오기만을 기다리기보다 먼저 사람들에게 다가가 관계를 진척시키고 유지하려 노력해야 한다.

외로울 때 우리는 즐거운 활동과 자기 성찰을 함께할 수 있는 누군가가 다가오기를 희망한다. 다음 장에서는 희망이라는 복잡한 감정에 대해 알아본다.

09

희망은
인생에 대한

태도를
결정한다

우리 곁에 있는
'희망'

• • • • • • • • ♥ • • • • • • •

타일러는 가장 좋아하는 가수의 콘서트에 가고 싶었다. 타일러가 데이트 상대로 점찍어 둔 에마도 이 가수의 공연을 무척 좋아할 것 같았다. 하지만 표는 이미 매진된 상태였다. 한 친구가 타일러에게 문자 메시지를 보내 누군가 표 두 장을 팔러 내놓았다고 알려 주었다. 타일러는 그 표만 구하면 에마와 데이트할 수 있겠다며 희망에 들떴다. 에마와 함께 콘서트에 가는 상상을 하자 기분이 날아갈 것 같았다. 그는 티켓을 구하지 못해 실망할 수도 있다는 가능성은 완전히 무시한 채 에마에게 전화를 걸었다.

소망, 낙관과 비슷한 감정인 희망은 바라는 대상이나 목표, 미래의 상황에 대해 긍정적인 기대감을 준다. 미래에 대한 기대는 우리의 정신 상태에 영향을 미치며 현재의 행동과 감정도 바꾸어 놓는다. 강한 희망을 품으면 미래의 가능성을 깊이 낙관하게 되므로 타일러처럼 일이 틀어질 가능성은 충분히 고려하지 않을 수도 있다.

희망이 감정에 해당하는지, 아니면 장기적인 감정 상태를 불러일으키는 생각인지에 대해서는 견해가 나뉜다. 보통의 감정처럼 순간적이고 강렬한 반응은 아니지만 인생에 대한 태도를 결정하는 기분으로 이해하는 것이 옳을 것이다. 하지만 희망을 품을 때는 긍정적인 감정을 느낄 때와 유사한 신체적, 인지적 반응이 나타날 수 있다. 그 밖에도 희망을 감정으로 보는 근거로는 원하는 결과에 집중하면서 상황을 바꾸기 위한 노력을 유도한다는 점, 판단과 의사 결정에 많은 영향을 미친다는 점, 자신의 이익을 위해 행동하게 한다는 점에서 찾을 수 있다. Averill, 1994; Bruininks & Malle, 2005; Lazarus, 1999

희망을 희망할 때

좋은 결과가 나타나기를 희망하는 상황은 매우 다양하다. 대회에서 우승하기를 희망할 수도 있고, 아픈 사람이 낫기를 희망할 수도 있으며, 타일러처럼 연인 관계가 싹트기를 바라며 콘서트 표를 희망할 수도 있다. 사귀는 이가 없을 때 연인 관계를 희망하면 실제로 행복해지는 데 도움이 된다. 또 사랑에 빠지면 스트레스에 대한 생리적 반응이 완화되어 건강해질 수 있다. Schneiderman, Zilberstein-Kra, Leckman, & Feldman, 2011 자신의 행복을 위해 관계

당신의 감정이 당신에게 말하는 것

를 희망하는 것은 어쩌면 우리의 타고난 본능인지도 모른다.

희망, 바람, 그리고 낙관주의

희망은 무언가 긍정적인 일이 생기기를 원하고 바라는 상태를 뜻한다. 그러나 희망은 바람과 달리 일어나기 어려운 일을 기대하는 것이라 주장하는 학자도 있다. 어떤 일을 막연히 희망할 때 그것을 바랄 때보다 실현될 가능성이 낮다는 뜻이다.Bruininks & Malle, 2005 희망은 낙관주의와 유사하며 이 두 개념은 서로 구분 없이 쓸 수 있다는 의견도 있다. 그러나 희망에는 구체적인 대상과 원하는 결과가 있지만 낙관주의는 일반적인 태도를 뜻한다는 점이 다르다.Averill, 1994; Bruininks & Malle, 2005 낙관주의는 어떤 결과에 대해 확신을 품고 기대하는 것이지만 희망은 부정적인 결과가 나타날 가능성을 염두에 두고 기대하는 것이다.Lazarus, 1999

희망과 플라시보 효과

희망이 구체적인 결과를 바라는 것이라면 희망을 품는 것 자체가 실제로 일어날 사건이나 우리가 결과를 대하는 태도에 영향을 줄지도 모른다. 예를 들어 점원의 말만 듣고 어떤 영양제가 건강을 회복시켜 줄 거라 희망했을 때, 영양제가 주는 효과와 희망이 주는 효과의 비율은 어느 정도일까? 이것은 약물의 효능을 알아보는 연구에서 매우 중요하게 다루어지는 주제이다. 임상 실험에서는 약물의 효과에 영향을 주는 심리적, 사회적, 신경 생물학적 요인과 약물 자체의 효과를 구분하기 위해 약물을 의학 성분이 전혀 없는 가짜 약인 플라시보와 비교한다.

플라시보를 먹은 사람들은 마치 진짜 약을 복용한 것처럼 치료 효과를 보이기도 한다. 항우울제에 대한 몇몇 연구에서도 플라시보 효과가 나타났다. 플라시보를 복용하는 피험자들에게 그것이 항우울제이고 특정한 부작용이 있다고 말하자 피험자들에게 실제로 항우울제의 치료 효과뿐 아니라 부작용까지 나타났다. Benedetti, Mayberg, Wager, Stohler, & Zubieta, 2005

이러한 약물이 우울증 환자에게 도움이 안 된다는 뜻은 아니지만 낙관주의나 희망과 같은 성격이나 기질과 관련한 요인이 우울증을 이겨 내는 데 기여할 가능성도 있다. 예를 들어 진짜 약이든 플라시보든 상태가 나아지리라는 기대가 높은 사람들은 특정 뇌 영역의 활동이 기대가 없는 사람들과 달랐다. Benedetti et al., 2005 학자들은 희망을 비롯해 어떤 심리적, 신경 생물학적 요인이 복잡한 플라시보 효과에 영향을 주는지 분명히 밝히려 노력하고 있다.

희망과 생각

약간의 의심은 뒤따르겠지만 희망에는 자신이 행복해질 거라는 기대가 담겨 있다. 앞으로 어떤 일이 일어나고 무엇을 성취하며 어떤 사람이 될지를 희망적으로 그려 볼 때 경험하는 긍정적인 감정은 자신을 바라보는 현재의 태도마저 바꿀 수 있다. 희망은 역경을 극복하고 구체적인 목표를 달성하는 데도 도움이 된다. 희망적인 사고방식은 목표를 향한 동기를 부여하고 문제 해결에 필요한 창의적인 아이디어를 끌어낸다.

희망은 우리의 생각을 바꿀 수 있지만 사고하는 능력에도 도움이 될까? 긍정적인 감정은 문제 해결력과 사고의 유연성을 높인다고 한다. 대개 하루 중 사람들마다 가장 또렷하고 창의적으로 생각할 수 있는 시간이 있다고 알려져 있다. 희망도 정신이 가장 흐릿한 시간에 사고력을 높이는 기능을 할 수 있지 않을까? 희망은 긍정적인 결과를 위해 열심히 노력하려는 열정을 사람들에게 심어 준다. 그래서 연구자들은 누군가 희망을 품으면 이는 그들의 능력에도 영향을 미친다고 추측했다.Cavanaugh, Cutright, Luce, & Bettman, 2011 연구자들은 피험자들이 하루 중 가장 정신이 맑고 창의력이 풍부해진다는 시간을 피해 실험을 진행했다. 그 결과 희망은 정신이 흐리멍덩한 시간에도 머리를 써야 하는 과제의 수행 능력을 향상시키고 창의력과 상상력을 높이는 데 도움이 됐다. 연구자들은 긍정적인 감정이 능력을 발휘할 수 있는 행동을 촉진한다고 결론 내렸다. 결국 의욕이 없거나 사고력과 상상력이 떨어지는 시기에도 긍정적으로 생각하고 희망을 품으면 성과를 높이는 데 도움이 된다. 희망적이고 긍정적인 태도는 몰입하여 과제를 완성하는 데 필요한 에너지를 준다. 그러니 중요한 과제가 있을 때는 좋은 점수를 받는 모습을 상상하거나, 과제 시작 전에 주말에 할 신나는 활동을 미리 떠올려 보자.

희망을 포기할 때

희망을 버려야만 현실을 받아들일 수 있는 때가 있다. 이미 이룬 것 대신 이루지 못한 일만 떠오르면 희망이 실현되지 못했다는 생각에 실망이라는 슬픈 감정을 경험한다. 사람들은 때때로 실패하고야 말았다는 생각을 회피하고자 자신의 생각을 왜곡한다. 사람들이 실망을 인정하지 않는 이유는 원하는 것을 현재도 과거에도 미래에도 손에 넣지 못한다는 사실을 분명히 인정해야만 하기 때문이다. 때로는 실망을 감당하기 어려운 나머지 다른 사람에게 화를 내기도 한다. 실망은 바라는 것을 얻지 못했다는 현실을 인정하도록 강요하기 때문에 조용히 슬픔을 받아들이기보다 분통을 터트리며 저항하는 편이 덜 고통스러울지도 모른다. 비록 난감한 방법이기는 해도 분노는 이루지 못한 희망을 계속 지니게 하는 반면 실망은 현실을 받아들일 수 있게 한다.

당신의 감정이 당신에게 말하는 것

인간관계에서는 희망에 집착하기보다 포기하는 편이 심리적으로 건강한 선택일 때가 있다. 우정이나 애정 관계에서 실망은 외로움, 고립, 상실과 관계가 깊다.Izard, 1991 하지만 희망을 버리기란 쉽지 않다. 관계에서 바라는 것을 얻는 데 실패했다는 뜻이기 때문이다.

목표를 달성하기 위해 다른 곳으로 주의를 돌려야 하는 상황에서는 희망을 버리는 것이 생산적이고 바람직하다. 어떤 목표를 추구하기로 결심했지만 많은 장애물에 부딪히고 있다면 지금 택한 방법이 최선인지, 목표를 달성하는 데 이제껏 깨닫지 못한 다른 방법은 없는지 찬찬히 생각해 봐야 한다. 현대사회에서는 성공하리라는 희망을 품기 어려울 때조차 끈질기게 노력하여 원하는 목표를 달성한 사람을 유난히 칭송한다. 하지만 희망을 버려야 할 때가 언제인지 깨닫는 능력과 더 이상 희망이 없다는 사실을 인정하는 용기를 지닌다면 우리는 새로운 희망을 향해 나아갈 수 있다.

희망은 나와 어떤 관계가 있을까

희망을 품는 것은 무언가 좋은 일이 일어나리라 상상하는 것이다. 그래서 여러 동기부여 이론에서는 원하는 것이 무엇인지 그려 보고 긍정적인 결과를 상상하면 무의식적으로 그것을 실현하는 방향으로 행동한다고 가르친다. 우리의 행동은 대부분 무의식의 지배를 받기 때문에 희망의 긍정적인 효과를 활용하는 것은 어렵지 않다. 잠자리에 들기 전에 자신의 목표를 되새기고 할 일 목록을 검토하는 습관을 예로 들 수 있다. 우리의 뇌는 장래의 계획을 늘 의식한 채 목표를 위해 쉬지 않고 일하기 때문에 이런 습관은 큰 도움이 된다. 희망이 생겨도 겉으로 내색하지 않거나 희망 따위는 품고 싶지 않다고 생각하는 사람도 있다. 희망에는 언제나 실망할 가능성이 내포되어 있기 때문이다. 하지만 희망은 누구에게나 기분 좋은 설렘을 준다. 그러니 실망하고 싶지 않다는 이유로 희망을 너무 쉽게 포기하지 말자. 그 대신 실망을 두려워하지 않기로 다짐해 보자. 희망한 결과를 얻지 못하더라도 의연하게 대처하는 게 훨씬 유익하다. 이를테면 실패에서 어떤 교훈을 얻었으며 그 교훈을 앞으로 어떻게 적용할지 깊이 생각해 보는 것이다. 또 앞으로 성취할 수 있는 다른 목표를 위해 계획을 세우고, 그 목표를 달성하려면 구체적으로 무엇을 해야 할지 떠올려 보자. 노력의 결과와 자기인식을 분리하여 결과와 관계없이 자신에 대한 긍정적인 태도를 유지하자. 그리고 어떻게 하면 자신감을 높일 수 있을지 곰곰이 생각해 보자.

희망, 이것만 기억하자

희망은 어떤 목표나 미래의 상황에 대한 긍정적인 기대를 뜻한다. 희망이 감정인지 아니면 어떤 기분을 느끼게 만드는 생각인지에 관해서는 논란이 있다. 그러나 어떤 대상에 대해 희망을 품을 때는 감정을 느낄 때와 비슷한 생리적, 인지적 반응이 나타난다. 희망에 부풀어 있을 때는 의욕이 넘치고 문제 해결에 적합한 사고를 하며 창의적인 아이디어를 쉽게 떠올릴 수 있다. 결국 희망은 판단력과 의사 결정 능력을 높인다는 면에서 유익한 감정이다. 희망과 비슷한 개념으로는 바람과 낙관주의가 있다. 의미는 각각 다르지만 이 개념들은 서로 혼용되기도 한다.

현실을 받아들이기 위해 희망을 버려야 할 때도 있다. 실망은 실현되지 못한 희망 때문에 나타나는 슬픔의 일종이지만 희망을 포기하면 주의를 딴 데로 돌려 목표를 달성하는 데 도움이 된다. 그래도 역시나 슬픔은 괴로운 감정이다. 관계가 끝난 데서 오는 슬픔이라면 더욱 그렇다. 다음 장에서 슬픔이라는 감정에 대해 배우고 나면 다시 슬픔이 찾아올 때 이 감정이 우리에게 어떤 도움을 주는지 이해할 수 있을 것이다.

슬픔은
상실감을

받아들이라고
속삭인다

우리 곁에 있는
'슬픔'

· · · · · · · · · · ♥ · · · · · ·

루이스는 가족의 일원이나 다름없었던 개 호크와 10년간 꼭 붙어 다녔다. 호크는 늘 루이스의 침대 옆에서 잠을 잤고 호크를 돌보는 것은 모두 루이스와 아버지가 도맡았다. 그래서 호크가 병으로 세상을 떠나자 가족들 중에서도 루이스와 아버지의 슬픔이 가장 컸다. 호크가 죽었다는 소식을 모르는 친구들이 집에 놀러 와서 호크가 어디 있느냐고 물었을 때 루이스는 호크가 병에 걸려 죽었다고 전했을 뿐 자신이 얼마나 큰 슬픔을 겪었는지는 말하지 않았다. 밤이면 루이스는 슬픔에 잠 못 이루며 이리저리 뒤척였고 호크가 발치에 누워 있는 것만 같은 착각에 잠에서 깨곤 했다. 루이스의 얼굴에는 슬픔이 가득했지만 자기가 얼마나 슬픈지 누구에게도 말할 수 없었다. 오랫동안 슬픔을 떨치지 못하던 루이스는 어느 날 상담 선생님을 찾아갔다. 선생님께 호크 이야기를 꺼낸 루이스는 자신의 슬픔이 지나친 건 아닌지, 호크를 잃었다는 상실감이 왜 극복되지 않는지 여쭤 보았다. 선생님은 루이스에게 슬픔을 억누르려고만 하지 말고 호크에 대한 추억을 다른 사람과 공유해 보라고 조언했다. 이를테면 호크의 사진을 정리하거나 호크를 추모하는 시를 쓰거나 호크의 사랑스러웠던 점을 글로 표현해 보는 것 등이다.

슬픔은 소중하게 여기던 대상을 잃었을 때 느끼는 고통스러운 감정이다. 슬픔은 우리가 사랑했던 대상을 잊기보다는 기억하게 만든다. 그리하여 우리는 소중한 존재와의 추억을 떠올리다가 이내 내면으로 관심을 돌려 현실을 수용하게 된다.Izard, 1977; Lazarus, 1991 이렇듯 슬픔이라는 감정은 상실이 우리에게 주는 영향을 성찰할 기회를 주고 그에 따라 미래의 목표와 전략을 조정하게 돕는다.

슬플 때는 깊은 허전함과 그리움을 느낀다. 이때 뇌는 실망이나 영원한 상실을 겪었다고 판단한다. 슬픔은 인정하고 싶지 않은 상실감을 받아들이라는 신호다. 슬플 때 나타나는 표정은 위로가 필요하다는 사실을 다른 사람에게 알려 준다.Ekman, 2003

슬픔은 자신과 타인을 인식하는 방식에도 영향을 준다. 연구에 따르면 슬픈 사람은 비교적 자신감이 없어 보이는 첫인상을 준다.Schwarz, 1990 또 슬픔에 빠진 사람은 "나는 누구인가?"라는 고통스럽고 실존적인 문제로 고뇌한다.Henretty, Levitt, & Mathews, 2008

슬픔에 빠졌을 때는 무기력감이 따라오기 때문에 맑은 정신으로 생각하거나 문제를 해결할 기력이 없다고 느낀다. 그러나 연구에 따르면 슬픔이나 슬픈 기분은 주의력, 기억력, 문제 해결력, 언어 추리력, 정신적 유연성, 멀티태스킹 능력 등 인지 과정에 영향을 미치지 않는다.Chepenik, Cornew, & Farah, 2007 다만 슬픔이나 슬픈 기분은 표정에서 감정을 정확하게 읽어 내는 능력이나 감정과 관련된 단어를 기억하는 능력에는 영향을 준다. 그러니 슬픔을 겪고 있을 때는 감정과 밀접하지 않은 일을 하는 것이 좋다.

슬픔과 우울

슬픔과 우울은 구분 없이 쓰일 때가 많지만 둘은 엄연히 다른 감정이다. 슬픔과 우울 모두 상실의 결과로 나타나지만 다른 점도 몇 가지 있다.Izard, 1991 우울은 오래 지속되는 편이며 죄책감, 수치심, 분노 등의 다른 감정이 뒤따를 수 있다. 우울을 일으키는 원인은 분명하지 않은 반면 슬픔은 특정한 사람이나 대상 때문에 생긴다. 우울의 원인을 설명하는 생물학, 유전학, 심리학, 사회 문화학 이론은 셀 수 없이 많다. 결국 슬픔은 경험에서 오는 자연스럽고 정상적인 감정인 반면 우울은 감정으로 생기는 병이라 할 수 있다.

슬픔을 원하는 사람은 아무도 없다.
그러나 아무리 아픔을 동반하더라도
슬픔의 목적은 우리를 보호하는 것이다.

슬픔과 비탄

슬픔과 비탄은 감정의 깊이와 지속되는 시간 면에서 차이가 있다. 비탄은 사랑하는 사람을 잃거나 처지가 크게 변할 때 나타난다. 슬픔보다 오래가며 세상을 대하는 태도에도 훨씬 큰 영향을 미친다. 비탄은 슬픔이나 번뇌 같은 감정과 함께 찾아오는 경우가 많지만, 감정이라기보다 상실을 극복하는 과정이라고 봐야 한다.Lazarus, 1999 슬픔에 빠지면 잃어버린 대상에 대해 체념하고 절망하는 과정을 겪는 반면, 번뇌의 감정을 느낄 때는 상실에 저항하는 과정을 거친다.Ekman, 2003

애도는 상실에 서서히 적응해 가는 감정 과정을 뜻한다. 애도의 과정을 설명하는 이론은 다양하다. 20세기 초 프로이트(1917/1961b)는 상실감에서 벗어나려면 사랑하는 사람에게 품었던 친밀한 감정을 차츰 거두어 그 에너지를 다른 사람에게 돌려야 한다고 보았다. 비탄의 기간을 너무 오래 끌어서는 안 된다는 프로이트의 믿음은 널리 받아들여져 그 후 사별에 관한 다양한 이론의 기초가 되었다. 비록 프로이트는 상실을 빨리 극복해야 한다고 강조했지만 사랑하는 사람을 잃고 평생 동안 비탄에 빠질 수도 있다는 점 또한 인정했다.

20세기 후반, 애착 이론을 주창한 존 볼비John Bowlby, 1963에 따르면 어린 아이는 상실에 대해 울음, 집착, 탐색으로 반응하며, 성인도 비탄에 빠졌을 때 이와 비슷한 행동을 보인다. 볼비는 이러한 행동이 사랑하는 사람과 다

당신의 감정이 당신에게 말하는 것

시 가까워지거나 다른 사람의 보살핌, 지원, 보호를 얻는 데 도움이 된다고 설명한다.

비탄이 여러 단계의 과정을 거친다는 개념은 엘리자베스 퀴블러로스 Elisabeth Kübler-Ross, 1969의 죽음을 앞둔 사람의 심리 변화 과정 이론에서 나왔다. 죽어 가는 사람은 부정, 분노, 타협, 우울, 수용의 다섯 단계를 겪는다. 반면 비탄을 겪는 사람은 처음에 큰 충격에 빠지고, 그다음에는 누군가를 상실했다는 현실을 받아들이며, 비탄의 고통을 이겨 내려 애쓰다가 차츰 그가 없는 현실에 적응한다. 그러다 상실을 감정적으로 받아들인 채 살아가게 되고 마침내 상실로 인해 흔들렸던 믿음을 다시 회복한다. 퀴블러로스는 이 단계를 잘 헤쳐 가면 감정적, 심리적 건강을 되찾을 수 있다고 믿었다.

아쉽게도 퀴블러로스와 같은 학자가 제시한 단계 이론은 평가 경향 등의 감정 기억이 시간이 지난 후에도 과거의 상실과 관련된 감정을 일으킬 수 있다는 점은 고려하지 않았다. 이 이론에서는 누군가 시간이 한참 지난 후에 상실의 슬픔을 느낀다면 애도의 단계를 적절히 거치지 않은 탓이라고 단정해 버린다. 하지만 최근 학자들은 비탄의 단계가 실제로 존재하는가에 대해 의문을 제기한다. 이들은 다양한 인지, 환경, 인간관계, 감정 요인이 비탄의 과정에 영향을 주며, 감정 기억은 상실을 상기시키는 강력한 요인이라고 주장한다. Archer, 2001; Bonanno & Kaltman, 1999

상실로 생긴 감정은 일상생활을 방해할 정도에는 이르지 않더라도 평생에 걸쳐 슬픔을 유발할 수 있다. 때로는 사랑하는 이의 생일이나 사망일, 그와 함께하고 싶었던 휴가철이 되면 기념일 반응-anniversary reaction 이 나타나기도 한다. 돌아가신 부모와 같은 나이에 이르렀을 때도 기념일 반응은 나타날 수 있다. 또 소중한 사람과 함께 갔던 장소를 방문할 때도 슬픔이 밀려올 수 있다. 하지만 시간이 흐르면서 일상을 꾸려 나가고 여러 사람을 만나는 사이 상실감은 서서히 약해지고 새로운 추억이 그 자리를 채우게 된다. 그래도 상실에 대한 기억은 마음 한편에 머물다 잃어버린 사람이 떠오르는 상황이 되면 언제든 다시 나타난다.

이렇게 우리 스스로 감정 기억을 지울 수는 없기 때문에 반드시 상실을 '극복'할 필요는 없다. 대신 감정 기억이 나타났을 때 대처하는 법을 이해해야 한다. 비탄에서 오는 감정은 과거를 잊지 말라는 신호다. 우리는 떠나간 사람이 가르쳐 준 것, 그와 함께한 즐거운 기억, 그의 그리운 모습을 떠올리며 눈물을 흘리곤 한다. 어긋난 관계에 대한 슬픔이라 해도 감정 기억이 해묵은 슬픔을 흔들어 놓는다면 이는 다시 떠올릴 가치가 있는 기억이 남아 있기 때문이다.

반려동물을 잃는 것은 가족을 잃는 것과 다름없다. 이 장 도입부에 소개한 루이스도 개 호크를 잃었을 때 그런 심정이었다. 연구에 따르면 반려동물을 잃은 후에 느끼는 슬픔은 다른 사람들과 나누는 게 좋다고 한다. 물론 사랑하는 이를 잃었을 때와 비교하며 이 감정을 무시하려는 사람들도 있다.Brown, Richards, & Wilson, 1996 그러나 동물과 특히 친밀했거나 서로 많이 의

당신의 감정이 당신에게 말하는 것

지하며 조건 없는 사랑을 나누었다면 동물을 잃었을 때도 극심한 슬픔을 느낄 수 있다.

슬픈 사랑

사랑과 관계된 깊은 슬픔은 특별한 장면이나 사건, 잃어버린 사랑에 대한 추억, 자신이 원하는 애정의 목표에 도달하기 어렵다는 자각에서 시작될 수 있다. 한 연구는 미국인, 이탈리아인, 중국인이 생각하는 사랑의 개념을 비교해, 사랑은 다양한 문화권에서 비슷하면서도 다른 의미를 지닌다는 결론을 내렸다. 중국인은 사랑을 '슬픈 사랑', '아픈 사랑', '애정 어린 연민' 등의 개념으로 정의한다고 한다. Rothbaum & Tsang, 2004

대부분 슬픈 사랑이 어떤 느낌인지는 잘 알려져 있지만 슬픈 사랑의 개념은 사랑 그 자체만큼이나 정의하기 어렵다. 연인 관계가 끝나고 나면 슬픔과 비탄이 뒤따른다. 슬픔은 사랑 때문에 더욱 깊고 복잡해지며, 사랑과 함께 경험한 욕망은 슬픔이 찾아오면서 낙담과 무기력으로 바뀐다.

사랑은 감정의 조건을 충족하지 못하므로 감정 상태나 기분으로 분류할 수 있다. 하지만 사랑을 흥분, 기쁨, 행복, 감각적 쾌락 등이 뒤섞인 상태로 볼 수도 있다. Izard, 1977 결국 엄밀하게 따지면 사랑을 감정에 포함하기는 어렵다. 하지만 슬픈 사랑의 개념은 슬프게 끝난 사랑이 어떤 감정의 여운을

남기는지 깊고 또렷하게 보여 준다.

슬픔은 나와 어떤 관계가 있을까

슬픔을 원하는 사람은 아무도 없다. 사람들은 슬픔을 피하고자 갖은 노력을 다한다. 약물, 알코올, 마약, 음식, 성적 행위, 위험한 행동에 탐닉하며 슬픔을 잊으려 하는 사람도 있다. 그러나 만약 슬픔이 현실을 인식하고 수용하여 목표를 조정할 수 있는 통찰력을 높이고, 신중한 결정을 내리도록 주의를 주며, 하던 일을 멈추고 자신을 돌아볼 기회를 제공한다면 슬픔의 목적은 분명한 셈이다. 슬픔이 아무리 아픔을 동반하더라도 그것의 목적은 다른 감정이 그렇듯 우리를 보호하는 것이다.

믿을 만한 사람에게 슬픔을 털어놓으면 외로운 기분이 줄고 다른 사람에게 이해받는다는 느낌이 들어 상실감도 덜 수 있다. 사랑하는 사람을 잃어서 슬프다면 그의 생일이나 헤어진 날처럼 감정 기억이 떠오르는 시기에 좀 더 관심을 기울여 보자. 그럴 때 슬픔을 억누르려고만 하지 말고 슬픔에 흠뻑 빠져 본다면 감정을 다시 추스를 수 있을지도 모른다.

당신의 감정이 당신에게 말하는 것

슬픔, 이것만 기억하자

슬픔은 매우 실망스러운 일을 겪거나 소중한 존재를 영원히 잃었을 때 느끼는 고통스러운 감정이다. 슬픔은 잃어버린 존재를 잊게 하기보다 기억하게 하는 감정이지만 우리의 주의를 내면으로 돌려 체념하고 수용할 수 있게 도와준다. 때론 구분 없이 쓰이기도 하지만 슬픔이라는 감정은 우울한 상태와는 다르다. 슬픔은 누구나 흔히 경험할 수 있는 자연스러운 감정인 반면 우울은 주로 감정에 문제가 생겼을 때 나타난다. 사랑하는 사람을 잃거나 삶을 둘러싼 상황이 크게 나빠졌을 때 느끼는 비탄은 슬픔보다 훨씬 강렬하며 지속 기간도 길다. 또한 비탄은 감정이라기보다 상실을 극복하는 과정이라는 의견도 있다. 슬픔은 '감정적 기억'과 관련되어 있으므로 기념일 등에 상실의 기억을 반복하여 떠올리면 매번 똑같이 슬픔을 느낀다.

사람들은 보통 관계가 끝났을 때 슬픔을 느낀다. 중국 문화권에는 '슬픈 사랑' 같은 사랑의 개념도 있다. 사랑은 감정의 요건을 충족하지 못하며 흥분, 기쁨, 행복, 감각적 쾌락 등이 뒤섞인 감정 상태나 기분이라고 볼 수 있다. 관계가 끝났을 때의 실망감은 슬픔은 물론 분노로 이어질 수도 있다. 우리도 그런 일을 겪으면 큰 분노를 느낄지 모른다. 분노는 다음 장에서 다룬다.

분노는
나를

지키는
방패이다

우리 곁에 있는
'분노'

· · · · · · · · · · · ♥ · · · · ·

휴대 전화를 도둑맞거나 마음에 둔 사람을 친한 친구가 가로챘을 때, 혹은 누가 나의 험담을 하는 경우를 상상해 보자. 모두 우리를 화나게 하는 상황이고, 이럴 때 화가 나는 것은 어쩌면 당연하다.

분노는 고마운 감정이다. 분노는 목표가 좌절되거나 누군가 사회규범을 위반했을 때, 또는 잘못된 상황을 바로잡아야 할 때에 부당한 일이 일어났으니 당장 반응하라고 우리를 일깨운다. 때로는 고통의 원인과 관계없이 고통 그 자체만으로 분노가 생기기도 한다.Izard, 1991 분노는 파괴적인 감정으로 인식되기도 하지만 알고 보면 자신을 지키는 행동을 하도록 경고하는 신호다. 이렇듯 분노는 유용한 감정이지만 분노에 대해 잘못된 인식을 지녔거나 분노를 남용하는 사람도 많다. 아마도 분노를 느낄 때 신체적 폭력,

강한 자기 확신, 적대감, 격렬하고 충동적인 감정 등이 표출되기 때문일 것이다.Izard, 1991

분노가 주는 느낌과 생각에 사로잡히면 이를 통제하거나 적절히 표현하지 못할 수 있다. 분노가 폭발하면 교감 신경계는 신체를 흥분시키고 근육 긴장을 일으키며 당장이라도 행동할 태세를 갖추게 하는 등 우리를 각성 상태로 만든다. 또 혈압, 체온, 심장박동 수가 상승하여 열이 난다. 이러한 현상이 일어나는 이유는 분노를 일으키는 대상에 맞서 싸우기 위해서다. 바꿔 말하면 누군가 화를 돋울 때는 공격적으로 대응할 태세를 갖추었음을 상대에 보여 줘야 하기 때문이다. 분노는 자신을 지키기 위한 감정이므로 분노를 느낄 때 우리는 위험을 과감히 무릅쓴다.Lerner & Keltner, 2001; Lerner & Tiedens, 2006 분노가 우리에게 어떤 기분을 불러일으키는지, 생각을 어떻게 부정적으로 바꾸는지 잘 판단해 보면 필요한 행동을 하는 데 도움이 된다. 부정적인 생각에 사로잡혀 있을 때는 자신의 행동을 정당화하려는 경향이 생기기 때문이다.

분노의 원인

정확히 무엇이 나의 분노를 일으키는지 파악하여 그 원인으로부터 자신을 보호하는 것이 중요하다. 어떤 상황에서는 분노를 억누르지 않고 발산할

당신의 감정이 당신에게 말하는 것

때 오히려 역효과를 낳을 수 있다. 사랑하거나 존경하는 사람이 우리의 감정에 큰 상처를 입히는 경우를 상상해 보자. 이럴 때 분통을 터뜨리며 상대방을 심하게 원망하며 몰아세우거나 상대방에게 죄책감을 느끼게 만들면 관계가 위태로워질 수 있다. 분노를 밖으로 표현하면 상대방의 행동이 아닌 우리의 분노 반응에 관심이 집중되기 때문이다. 분노를 느끼는 이유는 우리에게 상처를 주는 사람으로부터 스스로를 지키기 위해서다. 그러나 상처를 주는 사람에게 애착을 품고 있다면 그가 해로운 존재임을 깨닫지 못할 수 있다. 분노는 우리에게 그 사실을 깨우쳐 주려는 것인지도 모른다. 이럴 때는 분노를 표출하기보다 상대방에게 자신이 얼마나 큰 상처를 입고 슬픔을 느꼈는지 털어놓고 이야기하는 게 문제 해결에 훨씬 유익하다.

수치심도 종종 분노의 원인이 된다. 분노와 수치심의 관계는 널리 알려져 있지만 최근에는 분노가 어떤 경우에 수치심과 연결되는지 알아보는 연구도 실시되었다. Hejdenberg & Andrews, 2011 이 연구에 따르면 쉽게 화를 내는 사람들이 수치심도 잘 느낀다는 기존 인식은 증명되지 않았다. 연구 결과 수치심은 비난 등 불쾌한 일을 당했을 때 느끼는 분노와 관련이 있었다. 따라서 분노 반응을 일으킨 원인을 이해하는 게 중요하다. 분노 뒤에 다른 감정이 숨어 있지는 않은지 생각해 보고 우리에게 분노를 자제할 능력이 있음을 인식하여 분노 상황에 어떻게 반응할지 결정해야 한다.

다른 사람에게 창피나 배신을 당하거나 인간관계에서 입은 상처 때문에 강한 분노를 느꼈다면 그 상황을 떠올릴 때마다 계속 분노가 치밀곤 한다.

하지만 그럴 때도 우리의 감정 체계는 그저 제 할 일을 하고 있는지도 모른다. 자신을 보호하거나 해결책을 찾으라는 신호를 주는 것이다. 그러니 분노가 왜 생겨났는지 분석해 보고 어떤 행동으로 대응할지 판단하는 등 우리에게 유익한 합리적인 결론을 찾아내야만 분노를 내려놓을 수 있다.

분노와 공감의 복잡한 관계

다른 사람의 감정을 이해하는 능력인 공감은 분노와 복잡한 관계가 있다. 누군가에게 분노를 느끼면 당연히 그들에 대한 공감은 억제된다. 바꿔 말하면 공감을 품는 대상을 향해 분노를 표출하기는 어렵다. 부당함을 인식하면 적절하게 조치를 취해야 하는데, 분노는 공감을 억제하기 때문에 상대방에게 필요한 조치를 취할 수 있다.

분노의 기능은 신체적, 인지적 자원을 총동원하여 우리에게 해를 입힌 사람을 저지하는 것이지만 공감은 우리를 해친 행동에 대해 대신 변명해 주는 것과 비슷하다. 분노는 잠시 타인의 고통에 대한 공감을 차단하고 자기 보호에 집중하게 한다. 그렇다 해도 분노를 행동으로 표현하는 방식은 매우 중요하다. 분노를 부적절하거나 지나치게 표현하면 다른 사람이 우리의 감정을 해석하는 데 오히려 방해가 된다.

당신의 감정이 당신에게 말하는 것

보복하면 분노가 없어질까

나를 화나게 한 사람에게 보복을 하면 분노 해소에 도움이 될까? 분노에 휩싸이면 자신을 배신한 사람을 벌주는 것이 정당하게 느껴져 보복이 가져올 결과 따위는 안중에 없어진다. de Quervain et al., 2004; O'Gorman, Wilson, & Miller, 2005 그러나 누군가를 응징하기로 하거나 실제로 벌을 주면 그 사람을 향한 분노에서 헤어나지 못하게 된다는 연구 결과도 있다. Carlsmith, Wilson, & Gilbert, 2008 결국 보복과 관련한 생각이나 행동은 분노에서 벗어나 배신으로 상처 입은 자기 인식을 회복하는 데 방해가 된다. 피해를 입었을 때 보복하고자 하는 마음은 부당한 일을 당했다는 굴욕감이나 수치심에서 나온다.

분노가 치밀 때는 그 분노를 안겨 준 사람이나 대상을 강하게 비난하고 싶어진다. 분노는 순간적으로 자신을 지키기 위한 생리적 반응과 생각을 일으키기 때문이다. 하지만 분노를 발산하고픈 충동을 따른다고 과연 기분이 풀릴까? 많은 사람들이 그렇다고 생각한다. 그래서 분노가 북받쳐 오르면 베개를 두들겨 패거나 주먹으로 벽을 치고, 눈에 보이는 물건은 뭐든지 걷어차거나 격렬한 운동을 하면서 화를 쏟아 내며, 때론 폭력적인 영화를 보면서 대리 만족을 한다. 이런 식으로 분노를 해소하는 것을 카타르시스 catharsis 라 부른다. 카타르시스란 그리스 문학에서 따온 용어로 '감정 분출'이나 '정화'라는 말로 번역할 수 있다. 그러나 심리학자들은 분통을 터트려 화를 푸는 행동은 가솔린을 부어 불을 끄려는 행동이나 다름없다고 말한다. 위험한 생각에 연료를 더하여 공격성만 증가시킬 뿐 기분을 긍정적으로 바꾸지는 못한다는 것이다.Bushman, 2002 한 실험에서 피험자들은 분노를 발산할 때보다 아무것도 하지 않을 때 오히려 기분이 나아졌다. 이 실험의 연구자는 화가 가라앉을 때까지 주의를 다른 대상에 쏟는 것이 분노를 관리하는 최고의 방법이라고 결론 내렸다. 그러니 화가 날 때는 고양이를 쓰다듬거나 코미디 프로그램을 시청하거나 친구들과 어울리는 것이 도움이 된다.

분노는 엉뚱한 대상으로 향하기도 한다. 나를 짜증나게 하는 사람 대신 제삼자에게 퉁명스럽고 적대적으로 대했던 상황을 떠올려 보자. 선생님에게 화가 났는데 친구에게 괜히 심통을 부리는 경우를 예로 들 수 있다. 심리학자들은 이렇게 아무 잘못이 없는 대상을 공격하는 행동을 전위적 공격 행동displaced aggression 이라 부른다. 같은 상황을 여러 번 곱씹어 생각하는 경향이 있는 사람에게 전위적 공격 행동이 나타날 가능성이 높다. 연구자들은 짜증이나 분노를 유발하는 일을 많이 떠올릴수록 다른 사람과의 관계에 영향을 주는 부정적인 기분이 강화된다는 사실을 발견했다.Bushman, Bonacci, Pedersen, Vasquez, & Miller, 2005 화나는 일을 곱씹을수록 분노나 짜증을 다른 사람에게 쏟아 낼 가능성이 커진다는 뜻이다. 심호흡을 하고 관심을 딴 데로 돌려 소중한 사람과의 관계를 망치지 않도록 주의하자.

　당신의 감정이 당신에게 말하는 것

분노는 나와 어떤 관계가 있을까

분노를 적절히 다스리고 싶은가? 슬픔이든 죄책감이든 흥분이든 건강하지 못한 수준으로 떨어진 감정은 역기능을 일으키기 마련이다. 아무리 화가 나는 상황에서도 분별 있게 반응하고 분노를 사회적으로 용인되는 행동으로 돌리거나 건전하게 처리하는 능력이 분노 관리의 핵심이다. 화를 내지 말아야 한다는 뜻이 아니라 분노를 공격 행동으로 표출해서는 안 된다는 이야기다.

화가 치미는 순간에는 쉽지 않겠지만 분노의 원인을 찬찬히 따져 보는 것도 유용하다. 슬픔, 수치심, 죄책감 등 상처를 주는 감정이 분노로 표현되었을지도 모를 일이다. 분노 뒤에 어떤 원인이 숨어 있는지, 다른 해소 방법은 없는지 생각해 보면 다음번에 분노가 찾아올 때는 더욱 현명하게 반응할 수 있다. 감정은 인간의 본질이므로 같은 감정은 언제든 다시 찾아온다.

분통을 터뜨려 봤자 화가 풀리기는커녕 마음만 복잡해진다는 사실을 이해했다면 분노에 휩싸일 때 안정을 되찾을 수 있는 방법을 찾아보자. 무작정 화만 내기보다 달리기나 걷기 같은 신체 활동으로 몸의 긴장을 풀어 주자. 따뜻한 물에 샤워를 해도 좋다. 음악에 몰두하거나 사람들과 즐거운 시간을 보내며 나쁜 생각을 떨쳐 보자.

분노가 솟구칠 때는 몸이 긴장되고 열이 나며 부정적인 생각이 떠오르는 등 강렬한 반응이 나타난다. 그러나 우리에게는 감정에 완전히 휩쓸리기 전에 상황을 파악하여 화를 누르고 반응을 통제할 능력이 있다. 무작정 화를 내면 어떤 결과가 생길지 생각해 보고 상황 해결에 도움이 될 건전하고 안정된 행동 방식을 찾아야 한다. 그래야만 감정을 자기 보호와 정보 제공이라는 본래 목적에 맞게 활용할 수 있다.

분노, 이것만 기억하자

분노는 잘못 이해되거나 비이성적으로 발산될 때가 있다. 하지만 분노는 본래 자신을 보호할 행동을 하라는 마음속 신호다. 우리는 목표가 좌절되거나, 누군가 사회규범을 위반하거나, 상황이 나빠지거나, 불쾌한 일을 겪을 때 분노를 느낀다. 분노는 현재 상황이 불합리하거나 잘못되었다는 사실을 우리에게 경고하는 역할을 한다. 분노는 우리를 보호하기 위한 감정이므로 분노를 느낄 때 우리는 신체적으로 흥분하고 긴장한다. 혈압, 체온, 심장박동 수가 증가하고 부정적인 생각을 품으며, 누군가를 공격하고 싶은 충동이 생기기도 한다. 하지만 이럴 때도 감정 시스템은 자신을 보호하고 해결책을 찾으라고 신호하는 본래의 역할에 충실할 뿐이다. 따라서 분노를 유발하는 원인이 무엇인지 정확히 찾아보고 그 원인으로부터 자신을 보호하는 것이 중요하다. 누군가에게 화가 날 때는 그에게 덜 공감하게 된다. 다른 사람의 감정을 너무 의식하면 분노를 표현하기 어렵기 때문이다. 다른 사람의 부당한 대우로 굴욕감이나 수치심을 느끼면 보복하고 싶은 마음이 생기기도 한다. 타인의 배신으로 느낀 굴욕감이나 수치심에서 벗어나 평정심을 되찾을 수 있다는 점에서 복수심을 꼭 나쁘게 볼 필요는 없다.

분노는 매우 부정적인 감정이다. 혐오감도 마찬가지다. 다음 장에서는 혐오감에 대해 살펴본다. 무엇이 사람들에게 혐오감을 주는지 알아보면서 함께 혐오감을 이해할 준비를 해 보자.

12

혐오감도
때론

─────────────

유머가
된다

우리 곁에 있는
'혐오감'

· · · · · · · · · · · · ♥ · · · ·

친구들은 멀리사에게 괴팍한 공포증이 있다고 놀리곤 한다. 멀리사의 괴팍한 공포증은 영화관에서 자주 나타난다. 멀리사는 좌석에 비닐봉지를 덮어 씌워야만 앉을 수 있다. 멀리사가 부스럭대며 소리를 내지만 않는다면 친구들도 이해해 준다. 하지만 친구들과 즉흥적으로 영화를 보러 왔는데 일행 중 누구도 깨끗한 비닐봉지를 갖고 있지 않을 때가 문제다. 이럴 때 멀리사는 영화 보기를 포기한다. 또 멀리사는 오로지 자기 침대에서만 편히 잘 수 있다. 이 역시 그녀의 이상한 두려움에서 나온 행동이다. 호텔에서 자야 하는 상황이 되면 멀리사는 심한 불안을 느낀다. 친구들이 자고 가라고 집으로 초대하면 딱 잘라 거절한다. 혹시 멀리사는 머릿니가 생길까 봐 두려워하는 것일까? 사실 그녀는 10대 초반에 머릿니에 다섯 번이나 감염

된 적이 있다. 멀리사는 당시를 떠올리기만 해도 몸서리가 쳐진다. 머릿니 감염이 흔한 일은 아니지만 공공장소의 좌석이나 침대에서 옮을 확률이 아예 없지는 않으니 그럴 가능성을 완전히 차단하려는 것이다.

인간의 원시 두뇌에서 유래된 혐오감은 회피의 감정이다. 혐오감은 무언가 불쾌한 대상으로부터 당장 벗어나라는 정보를 주며 보통 구역질이나 구토 등 극심한 거부반응과 함께 나타난다. 혐오감은 표정에 그대로 드러난다. 코를 찡그리고 입을 일그러뜨리며 눈을 찌푸리는 것이 전형적인 혐오감의 표정이다.Ekman, 1982

혐오감의 회피 반응은 때때로 멀리사의 머릿니처럼 두려움이나 불안을 일으키는 공포증으로 나타나기도 한다. 쥐, 거미, 바퀴벌레, 구더기 같은 생물에 오염 또는 감염될까 봐 걱정하면서 엄청난 혐오감을 느낀다.Olatunji & Sawchuk, 2005 공공 화장실 변기, 문손잡이, 위생 상태가 불량한 식당 등 불결하게 느껴지는 대상에 대해서도 회피 반응은 물론 역겨움과 불안이 나타날 수 있다.

거미를 무서워하는 사람들의 심정은 충분히 이해할 만하다. 생김새가 징그럽고 사람을 물 수도 있지만 그저 인간과 다르다는 이유만으로도 거부감을 주기에 충분하다. 심리학에서는 여전히 사람들이 거미 같은 대상에 공포증을 보이는 이유를 밝히려 애쓰고 있다. 이때 공포증은 흔히 두려움으로 알려져 있지만 실제로는 불안에 해당한다. 연구자들은 거미와 거미 관련 자극을 회피하는 데 혐오감이 얼마나 영향을 주는지 조사했다.Woody,

McLean, & Klassen, 2005 조사 결과 작은 동물을 두려워하는 사람들은 불안과 혐오감에 모두 민감했다. 하지만 혐오감이 회피 반응을 일으킨다는 점에서 거미 공포증의 주된 원인은 혐오감이라고 볼 수 있다. 혐오 반응이 인간을 보호하기도 한다는 사실을 고려하면 사람들이 거미를 두려워하는 데도 혐오감이 큰 역할을 하는 것 같다.

혐오감은 감각을 통해 유발된다

혐오감은 우리를 지키는 기능을 한다. 뇌에 혐오감을 일으키는 것은 주로 우리의 기본 감각이다. 우리는 후각, 미각, 촉각, 시각, 청각을 통해 혐오감을 느끼지만 생각만으로도 혐오감을 일으킬 수 있다! 예를 들어 편식증이 있는 사람은 본래 혐오감에 민감한 사람일 수도 있지만 과거에 역겨운 경험을 한 이후에 유난히 식성이 까다로워졌는지도 모른다. 끈적끈적하고 생소한 질감과 요상한 냄새의 음식을 보면 우리는 본능적으로 혐오감을 느낀다. 혐오감은 오염되거나 상한 음식을 섭취하지 않도록 우리를 보호하는 역할을 하기 때문이다. 과거에 혐오감을 느꼈던 경험을 떠올리기만 해도 다시 이 감정이 일어날 수 있다. 과거에 어떤 음식을 먹고 속이 매슥거린 경험을 바탕으로 뇌가 이 상황을 판단한다면, 누가 당시를 언급만 해도 그 음식이 떠올라 구역질이 날 수 있다. 이때도 뇌는 우리를 보호하는 데 필요한 감정 반응을 일으키는 것뿐이다. 역겨울 때 회피 반응이 가장 먼저 나타나는 이유도 이 때문이다.Izard, 1993

불안이나 행복이 그렇듯 혐오감도 특정한 냄새를 통해 유발될 수 있다. 이를 후각 감정 유발자olfactory emotion elicitors 라 부른다. 반면 슬픔, 분노, 두려움, 놀람 같은 감정은 후각으로 유발되지 않는다.Croy, Olgun, & Joraschky, 2011 연구자들은 냄새가 특정한 인물이나 장소, 음식에 대한 선호에도 영향을 주는지 의문을 품었다.Wrzesniewski, McCauley, & Rozin, 1999 그래서 사람들이 특정한 냄새나 스킨, 향수처럼 체취를 감출 수 있는 제품에 어떻게 반응하는지 연구했다. 그 결과 특정 냄새와 관련된 기억은 특정 인물, 장소, 음식에 대한 선호에 영향을 주는 것으로 밝혀졌다. 할머니가 만드신 초콜릿 칩 쿠키의 냄새를 좋아한다면 비슷한 냄새가 나는 장소나 음식도 좋아한다는 것이다. 하지만 향기 제품에서 나는 냄새는 누군가에 대한 호감에 영향을 주지 못한다. 화장수나 향수 냄새를 좋아하더라도 그 제품을 쓰는 사람을 더 호의적으로 평가하지는 않는다는 뜻이다. 요컨대 좋아하는 대상과 관련된 냄새에 대한 기억은 우리에게 큰 의미가 있지만 몸에 향수를 뿌린다 한들 남들의 호감을 살 수는 없다.

당신의 감정이 당신에게 말하는 것

도덕적 혐오감

혐오 반응의 일종인 도덕적 혐오감은 사람들 사이의 법적, 종교적, 윤리적 문제에서 느끼는 감정이다. 아동 학대, 살인, 강간, 인종 차별 등 행동 규범이나 사회질서를 위반하는 행동은 도덕적 혐오감을 일으킨다.Olatunji & Sawchuk, 2005 친구가 시험에서 부정행위 하는 모습을 발견하거나, 누가 동물을 학대한다는 이야기를 듣거나, 부모가 다른 사람과 바람피우는 장면을 목격하는 등 도덕적으로 그릇된 행동을 접하는 것만으로도 혐오 반응이 생길 수 있다. 죄책감이나 수치심이 사회질서 유지에 도움이 되듯 도덕적 혐오감은 사람들이 자신이 속한 사회에서 바람직하다고 인식되는 행동을 하도록 유도하는 기능을 한다.

혐오감을 방패로 활용하기

일부러 다른 사람에게 혐오감을 주는 행동을 하여 자신의 불안감을 감추거나 해소하는 경우도 있다. 요란하게 트림을 하거나 방귀를 뀌거나 침을 뱉는 등 혐오스러운 행동을 하면 사람들의 관심을 딴 데로 돌리거나 자리를 피하게 할 수 있다. 하지만 주위 사람들에게 역겨움을 일으켜 자신을 방어하는 방법은 결코 적절치 않다. 그런 일을 당하는 사람은 상대방이 자신의 생각을 경멸하거나 무시하기 때문에 그렇게 공격적이고 뻔뻔한 행동을 한다고 받아들이기 때문이다.

혐오감은 유머가 되기도 한다

혐오감을 다른 사람과 나누면 재미와 유대감을 느낄 수 있다. 혼자서 혐오스러운 일을 겪으면 전혀 즐겁지 않지만 친구와 함께 있을 때 그런 일이 생기면 매우 유쾌한 상황이 될 수도 있다. 혼자 겪은 일을 나중에 다른 사람에게 전해 줄 때도 같은 효과가 나타난다. 가령 혼자 있을 때 시리얼에서 죽은 바퀴벌레가 발견되었다면 그저 혐오스러울 따름이지만 누군가와 함께 있다면 꽤 재미있는 사건이 된다. 듣는 사람에게 혐오감과 웃음을 동시에 주는 농담도 많다. 이런 농담을 '화장실 유머'라 부른다.

혐오감은 나와 어떤 관계가 있을까

매우 혐오스럽지만 당장은 벗어나기 어려운 상황에 처해 있다고 상상해 보자. 이럴 때 즉시 그곳을 빠져나올 수 없다면 아래 소개하는 방법을 통해 혐오 반응을 조금이나마 줄일 수 있다.

당신의 감정이 당신에게 말하는 것

정신을 딴 데로 돌리면 혐오감에서 금방 벗어날 수 있다. 혐오감을 주는 대상에 주의를 집중하면 우리 몸은 계속 거부반응을 일으킨다. 혐오감은 표정에도 드러나므로 표정만 바꾸어도 혐오감을 줄일 수 있다.Rozin & Fallon, 1987 미소를 지으면 혐오감을 완화하거나 없애는 데 도움이 된다. 혐오감을 주는 대상에 대한 인식을 바꾸는 것도 혐오 반응을 억누르는 좋은 방법이다.Rozin & Fallon, 1987 사람에 대해 혐오감을 느낀다면 공감 능력을 발휘해 보자. 역겨워하기보다 측은한 마음을 품으려 노력하는 것이다. 냄새나 장면이 역겹다면 과학적인 접근을 시도해 보자. 아무리 혐오스러워도 그것이 자연의 일부라고 생각하는 것이다. 도덕적 혐오감을 느낄 때는 그 상황이 무엇 때문에 올바르지 않고 혐오감을 유발하는지 생각해 보자. 어떤 상황이 나에게 도덕적 혐오감을 주는지 다른 사람과 이야기를 나누면서 자신의 반응을 이해하려 노력하자.

혐오감, 이것만 기억하자

혐오감은 후각, 미각, 촉각, 시각, 청각을 통해 불쾌함을 느낄 때 경험하는 감정으로 다양한 문화권에서 공통적으로 나타난다. 혐오 반응은 역겨운 대상을 머릿속으로 떠올리기만 해도 나타날 수 있다. 사람들은 혐오감을 느낄 때 회피 반응을 보인다. 혐오감은 불쾌한 대상으로부터 떨어지라는 경고로, 숨이 막히거나 구토가 치미는 등 강한 거부반응과 함께 나타나기도 한다. 혐오감으로 인한 거부반응은 두려움과 불안을 일으키는 공포증으로 발전할 수 있다. 규범에 위배되거나 사회질서에 부합하지 않는 행동은 '도덕적 혐오감'을 유발한다. 때때로 사람들은 자신의 불안을 해소하거나 숨기고자 일부러 다른 사람에게 혐오감을 일으킨다. 하지만 혐오스러운 상황을 다른 사람과 함께 경험하면 매우 재미있게 느껴질 수도 있다.

다른 사람에게 혐오감을 표하여 그에 대한 다른 감정을 숨기려 할 때도 있다. 누군가를 내심 매우 부러워하지만 속 좁은 사람으로 보일까 두려워 그를 도덕적으로 역겨운 사람이라고 몰아붙이는 경우를 예로 들 수 있다. 때로는 이러한 전략이 통하기도 한다. 하지만 이럴 때는 부러움이라는 감정과 그 감정을 유발하는 원인, 내가 느끼는 부러움을 이해하려 노력하는 것이 훨씬 현명하다. 다음 장에서는 부러움에 대한 흥미로운 사실들을 배운다.

혐오감에서 벗어나려면 정신을 딴 데로 돌려야 한다.
사람이라면 측은한 마음을 품으려 노력하고,
냄새나 장면이 역겹다면 이를 자연의 일부라고 생각해 보자.
도덕적 혐오감을 느낄 때면 다른 사람과 이야기를 나눠 보는 것도 좋다.

부러움은
더 나은 사람이

될 수 있게
도와준다

우리 곁에 있는
'부러움'

• • • • • • • • • • • ♥ • • •

브랜던은 재스민을 사랑했지만 그 마음을 혼자만 간직해 왔다. 재스민이 좋아하는 사람은 트래비스였기 때문이다. 브랜던은 무심한 체하며 비참한 심정을 억눌렀지만 모임에서 재스민이 트래비스와 함께 있는 모습을 지켜 보자니 몹시도 고통스러웠다. 브랜던은 총명한 데다 사람들 앞에서 말도 재치 있게 할 줄 알고 패션 감각도 뛰어난 트래비스를 부러워하지 않을 수 없었다. 브랜던은 언제나 트래비스만 바라보는 재스민이 견딜 수 없이 신경 쓰였다. 그는 다른 사람은 찾아볼 생각도 하지 않고 재스민이 트래비스와 맺어지면 어쩌나 하는 생각에 늘 마음을 졸였다. 트래비스를 향한 남모를 질투심에 재스민의 관심을 끌지 못한다는 실망감과 자격지심이 더해져 브랜던은 고통스럽기만 했다.

부러움은 은밀한 감정이다. 우리는 누군가를 부러워할 때도 그 사실을 잘 떠벌리지 않는다. 단 그 감정에 공감해 주며 한편이 되어 그 부러움의 대상을 같이 깎아내릴 수 있는 사람이 있다면 예외다. 부러움은 다른 사람의 소유물, 능력, 성과가 우리를 초라하게 만든다고 생각될 때 느끼는 감정이다.Silver & Sabini, 1978; Smith & Kim, 2007 즉 다른 사람과 비교하여 자신을 평가한 결과 자신이 부족하다고 느껴질 때 부러움이 생긴다. 그래서 부러움은 불쾌한 감정에 속한다. 부러움을 누그러뜨리고자 우리는 다른 사람을 깎아내리거나 자신을 치켜세운다. 하지만 브랜던 같은 사람은 안타깝게도 부러움에 사로잡혀 자존심을 지키며 당당하게 행동하지 못하는 듯하다.

브랜던이 재스민과 트래비스에게 너무 집착하는 것처럼 보이지만 누구라도 모임에서 평소에 부러워하던 사람을 만나면 어쩔 도리 없이 그의 행동이나 정보에 온갖 신경을 집중한다. 다음 날이 되면 모임에 참석한 그 누구보다 그에 대해 많은 것을 기억할 것이다. 그 이유가 뭘까? 연구 결과에 따르면 사람들은 부러움의 대상에 대해 더 많이 생각하고, 그에 관한 소식에 촉각을 곤두세우며 사소한 정보까지 정확하게 기억하는 경향이 있다.Hill, DelPriore, & Vaughan, 2011 부러움을 주는 사람에게 그토록 신경이 쓰인다는 사실만으로도 충분히 불쾌하지만 그게 전부는 아니다. 까다로운 단어 퀴즈를 풀 때 부러움의 대상을 떠올리게 하자 피실험자들의 인지능력은 현저히 떨어졌다.Hill et al., 2011 그러니 평소에 부러워하던 사람을 만난다면 그에게 온통 주의를 뺏기는 대신 자신의 긍정적인 능력과 특징을 떠올리려 노력해 보자. 부러움을 느끼는 대상에만 신경을 집중하면 자신에 대한 부정적인 생각을 피할 수 없다. 부러움은 종종 질투와 혼동된다. 다른 사람이 지닌 특징, 성공, 소유물을 손에 넣고 싶을 때 느끼는 부러움과 달리 질투는 다른 사람이 주는 애정이나 안정감을 제삼자에게 빼앗길 위험이 있거나 이미 빼앗겼을 때 생긴다. 질투는 감정에 해당하지 않는다. 하지만 소중한 사람과의 관계가 위협받고 있으니 방어하라는 경고의 표시로 부러움, 불안, 분노 등 강렬한 감정을 일으킨다. 질투에 대한 자세한 내용은 이 장 뒷부분에서 다룬다.

부러움에도 목적이 있다

감정이 우리에게 도움을 주려는 목적으로 진화했다면 부러움의 목적은 무엇일까? 우선 부러움이 어떤 생각과 감정을 일으키는지 생각해 보자. 부러울 때 우리는 다른 사람이 지닌 것을 원한다. 그 대상이 무엇이든 쉽게 손에 넣을 수 없는 것이어서 그것을 지닌 사람이 우월하거나 강하다고 느낀다. 또 부러울 때는 상대방에게 적대감을 느끼고 자신의 내면도 고통스러워진다. 원시시대였다면 부러움을 안겨 준 사람에게 복종하거나 그를 제거하거나 그가 가진 것을 빼앗을 방법을 궁리했을 것이다. 우리는 더 이상 원시인이 아니지만 현대인도 같은 해결책을 조금만 변형한 채 적용하는 것 같다. 부러움은 나와 다른 사람을 비교하여 더 나은 사람이 될 수 있게 도와주는 기능도 한다. 그러니 이왕이면 건강한 해결책을 선택하는 편이 낫겠다.

부러울 때 나타나는 행동

우리는 부러움의 대상을 이상화하는 경향이 있다. 그가 지닌 능력이나 소유물을 얻어 행복하거나 만족스러워하는 스스로의 모습을 상상하기도 한다. 이렇듯 부러움은 우리가 은밀히 부러워하는 사람이 지닌 특징이나 소유물을 가지지 못했다는 자각을 안겨 준다. 그래서 그가 남들에게 존경받는 모습을 보면 심기가 불편해진다.

부러움을 느낄 때는 비교에 집착하여 상대방과 자신의 가치를 끊임없이 저울질한다. 부러움은 상상에서든 현실에서든 상대방을 해치고 싶다는 마음을 부추기기도 하지만 그가 지닌 것을 얻고자 더 열심히 노력하는 계기가 되기도 한다. 일부 광고 회사는 부러움을 마케팅 수단으로 활용한다. 소비자에게 부러움을 유발하면 상품이 더 잘 팔리기 때문이다.van de Ven, Zeelenberg, & Pieters, 2009 심리학자들은 남들의 부러움을 살 만한 사회적 지위에 오르고 싶다는 욕망이 소비자의 선택에 영향을 준다고 한다. 일례로 사람들은 혼자 쇼핑할 때보다 남들 앞에서 쇼핑할 때 친환경 제품을 더 많이

당신의 감정이 당신에게 말하는 것

선택한다. 친환경 제품이 일반 제품보다 비쌀 때도 마찬가지다. Griskevicius,
Tybur, & Van den Bergh, 2010

부러움의 원인이 항상 내 마음속에 있는 것은 아니다. 부모가 부러워하
거나 존경하는 사람을 대신 부러워하기도 한다. 예를 들어 부모가 금전적
으로 어려움을 겪고 있다면 내가 부모 대신 돈 많은 사람을 부러워할 수 있
다. 부모가 대학 교육을 받지 못해 가슴에 응어리를 품고 있다면 나 역시
대학 졸업자들을 부러워할 수 있다.

부러움의 대상이 될 때

부러움의 대상이 되는 건 어떤 기분일까? 우리는 부러움을 사는 사람의 심
정은 대체로 헤아리지 않지만 그들 역시 마음이 편치만은 않을 것이다. 누
구나 부러워하지만 아무나 얻을 수 없는 능력이나 소유물, 특권을 가졌다는
이유로 사람들에게 미움받는다면 기분이 어떻겠는가? 부러움과 존경은 같
은 뿌리에서 나온다. 그러나 부러움에는 약간의 적대감이 깃든 반면 존경의
본질은 따뜻함이다. 물론 존경받는 사람 역시 불편하기는 마찬가지다.

상대방이 나를 부러워하는지 아닌지 특히 주의를 기울여야 할 때가 있
다. 그에게 물건을 팔려고 흥정할 때가 그렇다. 만약 그가 나를 자기보다
잘나간다고 여기며 부러움을 느낀다면 흥정에서 나를 속이는 행동도 정당

화하려는 경향이 생긴다.Moran & Schweitzer, 2008 이렇듯 부러움은 윤리적인 의사 결정에 악영향을 미친다.

누군가에게 부러움을 산다면 이 감정에 뒤따르는 상대방의 적대감과 억울함 때문에 칭찬을 받아도 매우 불편하게 느낀다. 그러나 상대가 부러움을 덜 느끼게 할 방법은 있다. 우리를 부러워하는 사람들을 도와주고 다정하게 대한다면 그들이 품은 부러움의 해로운 영향을 줄일 수 있다.van de Ven, Zeelenberg, & Pieters, 2010 연구자들에 따르면 부러움을 받는 것이 두려운 사람들은 앞장서서 상대방을 돕는 등 친사회적인 방식으로 행동한다. 잘나가는 사람이 부러움의 해로운 영향을 줄이는 유화 전략으로 자기보다 형편이 못한 사람을 다독이는 것이다.

매력인가 부러움인가

역설적으로 우리는 다른 사람에 대한 부러움을 매력으로 착각할 때가 있다. 물론 경쟁자를 부러워하는 나머지 적대감을 느낄 정도라면 예외다. 이러한 매력은 우리가 선망하는 대상과 가까워지면 그의 자질을 얻을 수 있을 거라는 기대에서 나온다. 이럴 때 우리는 그의 실제 됨됨이보다 그가 지닌 지위, 권력, 지능 등 탐나는 특징에 반하는 것이다. 그와 친해져서 원하는 것을 얻으리라 상상하기도 한다. 하지만 이런 식으로 상대를 이상화하

당신의 감정이 당신에게 말하는 것

다가 그가 생각만큼 대단하지 않다는 사실을 깨달으면 실망을 느끼기도 한다. 환상이 깨질 무렵이면 그동안 숨겨 왔던 적대감이 드러나기도 한다.

부러움과 자기 인식

자기 인식은 주로 개인의 이상이나 야망, 중요시하는 가치와 관련되어 있다. 이상적인 자아란 우리가 원하는 최상의 모습을 뜻한다. 우리는 다른 사람과 자신을 비교하여 이상적 자아의 개념을 형성하는 경우가 많다. 또 이상적 자아와 비교하여 끊임없이 자신을 평가한다. 원하는 수준에 이르렀다고 생각되면 기분이 좋고 뿌듯하거나 우쭐해지기도 한다. 그러나 기대에 미치지 못하면 실망하거나 수치심을 느낀다. 자존감 역시 자신을 이상적인 자아와 비교한 결과에 좌우된다. 그러나 그 이상적인 모습을 부러움을 주는 사람에게서 찾는 편이 더 쉬울 때가 있다.

성숙해 가는 과정에서 스스로의 역량과 한계를 정확히 인식하면, 자신의 가치와 가치에 비추어 내린 자기평가가 변할 수 있다. 실현 가능한 이상을 설정하고 대체로 그 이상대로 살 수 있다면 자존감은 위협받지 않는다. 이상이 너무 높아 결코 이를 수 없다면 성공의 기쁨도 오래가지 못하고 스스로를 무능하다고 자책하면서 끊임없이 다른 사람만 부러워할 것이다.

남의 불행에서 느끼는 기쁨

스스로에 대한 인식은 타인과의 비교에서 온다. 자신을 다른 사람과 비교해 얼마나 괜찮은 사람인지 평가하는 것이다. 다른 사람을 부러워하고 그들에게서 내가 얻고자 하는 자질을 발견하면서 속으로 스스로를 못났다고 느낀다. 남과 비교하여 자신이 어떤 사람인지 이해하기란 그리 간단하지 않다. 부러움이 과도하면 고통스러운 열등감이 찾아올 수도 있다. 하지만 부러움은 기쁨과도 통한다. 독일어에서 남의 불행을 기뻐하는 마음을 샤덴프로이데 shadenfreude 라는 단어로 표현한다. 부러움은 누군가의 행운에 대해 불쾌감을 느끼는 데 초점을 맞추는 반면 샤덴프로이데는 다른 이가 불행을 겪는 모습에서 기쁨을 얻는 것을 뜻한다.

누군가에 대한 부러움이 그의 실패와 동시에 기쁨으로 바뀌는 상황에서 부러움과 샤덴프로이데의 관계가 잘 드러난다. Smith et al., 1996 우리를 보호하는 것이 감정의 역할이라는 점을 떠올려 보면 남과 비교해 우월감을 느끼고자 하는 마음이 타인의 불행에서 기쁨을 느끼는 마음으로 이어지는 것도 납득할 만하다. 그래야만 자기 인식을 긍정적으로 강화할 수 있기 때문이다. van Dijk, van Koningsbruggen, Ouwerkerk, & Wesseling, 2011

질투가 나에게 말을 걸 때

부러움과 질투는 쉽게 혼동된다. 과거에 학자들은 부러움과 질투 사이에 어떤 유사점과 차이점이 있는지, 이 둘이 같은 감정인지 별개의 감정인지를 중점적으로 연구했다. 사실 부러움과 질투 사이에는 눈에 띄는 차이점이 있다. 부러움은 한 사람에게로 향하는 반면 질투는 대개 세 사람 사이의 삼각관계에서 나온다. 하지만 상대가 나 외의 다른 활동에 관심을 기울일 때도 질투를 느낄 수 있다.Parrott, 1991 물론 질투를 감정이 아니라 상황에 따라 다양한 감정을 일으키는 행동이나 사건이라고 보는 학자도 있다.Ekman, 2003

질투가 우리를 위협할 때는 다양한 감정이 생긴다. 어떤 사람은 분노나 불안 때문에 공격적 또는 방어적으로 변한다. 그들은 질투하는 상대를 해치려 하거나 잃고 싶지 않은 소중한 사람을 통제하려 한다. 질투를 느낄 때 관계에서 한 발짝 물러나거나 회피하는 사람도 있다. 이들도 속으로는 상대방이 자신의 마음을 눈치채고 관계를 회복하려 노력하길 바랄지도 모른다. 하지만 이렇게 소극적으로 물러나기만 하면 슬픔이나 외로움이 찾아올 뿐이다. 또 질투를 느낄 때는 관계가 끝날지도 모른다는 조바심에 휩싸인다. 불안감을 일으키는 위태로운 관계는 지나친 염려나 상대에 대한 집착을 불러올 수 있다.

질투를 느낄 때 내가 어떤 사람인지 알 수 있다

질투를 느낄 때 스스로 다음과 같은 질문을 던져 보면 자신이 어떤 사람인지 깨달을 수 있다. 앞으로 개선해야 할 나의 부족한 점은 무엇인가? 보살핌이나 헌신, 유머 감각 등 내가 얻을 수 없는 것을 상대에게 바라기 때문에 질투를 느끼는 건 아닐까? 나는 지금 어떤 사람이며 앞으로 어떤 사람이 되고자 하는가? 누군가와 가까워진다면 질투를 피할 수 없을지도 모른다. 자신을 소중히 여기지 않는 사람이나, 어린 시절에 버림받거나 누군가를 잃은 경험이 있는 사람이라면 특히 쉽게 질투를 느낀다. 하지만 질투심은 다른 누군가와의 관계보다는 자신과의 관계에서 나온다는 점을 이해해야 한다.

부러움은 나와 어떤 관계가 있을까

부러움은 다른 사람의 성공, 소유물, 능력 때문에 심기가 불편해지면서 은밀히 열등감을 느낄 때 나타나는 감정이다. 이럴 때 우리는 스스로 성공하거나 발전하겠다고 마음먹는 대신 그가 가진 것을 탐내거나, 그가 능력이나 소유물을 잃고 나와 같은 처지가 되기를 바란다. 누군가가 부러우면 그를 깎아내리고 싶은 마음도 생긴다. 그러면 자신이 돋보이거나 그의 평판

부러움은 은밀히 열등감을 느낄 때 나타나는 감정이다.
그럴 때는 스스로 질문을 던져 보자.
나는 지금 어떤 사람인가?
앞으로 어떤 사람이 되고 싶은가?

이 낮아질 거라고 생각해서다. 하지만 그래 봐야 아무 소용이 없다. 누군가를 부러워하면 그가 실제로 어떤 상태인지도 모르면서 나보다 행복하고 잘나갈 거라고 단정해 버린다. 어떻게 보면 의도치 않게 그를 칭송하는 셈이다. 하지만 이런 식의 칭송은 스스로에게 해로울 뿐이다.

부러움을 느낄 때는 상대에게 기분 나쁜 감정을 품기보다 스스로의 기분을 환기할 방법을 찾아보자. 자부심을 높이고 자신에게로 관심을 돌릴 방법을 찾는 게 부러움을 극복하는 현명한 방법이다. 내가 상대의 삶을 어떻게 바라보는지도 성찰해 보자. 내가 인식하는 바는 그의 실제 삶보다 나의 환상에서 나왔을지도 모른다.

부러움, 이것만 기억하자

부러움은 나와 남을 비교할 때 생긴다. 부러울 때는 나와 타인을 끊임없이 저울질하며 스스로의 가치를 확인하는 데 집착한다. 부러움의 대상은 우리보다 훨씬 우월하고 대단해 보이기 때문에 우리는 그에게 은밀히 적대감을 느끼며 속앓이를 하기도 한다. 누군가가 부러울 때는 그가 가진 것을 내가 얻는다면 지금보다 행복하고 만족스러울 거라 상상한다. 그래서 광고 회사에서는 부러움을 마케팅 수단으로도 이용한다. 부러움과 존경을 일으키는 원인은 동일하지만 부러움과 달리 존경에는 적대감이 실리지 않는다. 부러

당신의 감정이 당신에게 말하는 것

움과 질투 사이에는 큰 차이가 있다. 질투는 주로 소중한 이와의 관계를 위태롭게 만드는 삼각관계에서 나타난다.

다른 사람을 부러워하기보다 나만의 흥미를 찾는다면 마음이 편해질 것이다. 흥미는 우리를 움직이는 원동력이며 목표 추구에도 큰 도움이 된다. 그렇다면 우리의 흥미를 유도하는 것은 무엇일까? 다음 장에서는 흥미가 우리에게 얼마나 유용한 감정인지 살펴본다.

흥미는
무언가를

시작할 수 있게
해 준다

우리 곁에 있는
'흥미'

· · · · · · · · · · · · · ♥ ·

안젤리카는 어머니의 친구인 변호사 케이티 아주머니를 존경한다. 케이티 아주머니가 어떤 일을 하는지 구체적으로 알지는 못하지만 안젤리카는 나중에 아주머니처럼 변호사가 되겠다고 마음먹었다. 케이티 아주머니는 이지적이고 차분한 데다 유머 감각도 풍부해 안젤리카에게는 동경의 대상이다. 안젤리카는 여름방학에 케이티 아주머니의 법률 사무소에서 일할 기회를 얻었다. 하지만 두 달 동안 변호사들이 서류를 검토하고 보고서를 쓰는 모습을 지켜보고 나니 그 일에 대한 흥미가 싹 사라졌다. 결국 안젤리카는 새로운 진로를 찾기로 결심했다. 법률 사무소에서 보내는 마지막 날 안젤리카는 케이티 아주머니와 함께 점심 식사를 했다. 식사 도중에 안젤리카는 솔직하고 정중하게 이 일이 자신과 맞지 않는 것 같다고 털어놓았다.

케이티 아주머니는 안젤리카에게 글쓰기, 창작 활동, 의사 결정, 신체 활동 등 어떤 분야에 흥미를 느끼는지 함께 생각해 보자고 했다. 고맙게도 안젤리카의 멘토는 법률의 다양한 영역을 비롯해 안젤리카가 관심을 기울일 법한 직업들을 소개해 주었다.

흥미가 감정에 속한다고 생각하는 사람은 드물다. 하지만 감정의 주요 기능이 동기부여라는 점을 떠올려 보면 흥미는 매우 중요한 감정이라 할 수 있다. 누구나 지루한 소설보다는 흥미로운 소설을 끝까지 읽고 싶어 하고, 관심을 사로잡는 사람과 함께하기를 원하며, 더 재미있는 공부나 취미 활동을 하기를 바란다. 안젤리카처럼 사람들은 장래에 화학자, 물리학자, 기자 등 어떤 직업을 택할지 고민이 많다. 이럴 때는 자신이 어떤 분야에 흥미를 느끼는지 곰곰이 생각해 봐야 한다.

흥미는 뇌가 어떤 상황이나 사건에 대해 유쾌하고 바람직하며 노력을 쏟을 가치가 있다고 평가할 때 나타나는 감정이다. Keltner & Lerner, 2010 따라서 목표를 정할 때는 먼저 자신이 좋아하는 일이 무엇인지 이해해야 한다.

100여 년 전 펠릭스 아놀드 Felix Arnold 라는 교육학자는 교육에서 흥미가 얼마나 중요한지를 강조하는 책을 썼다.(1906) 그는 흥미가 욕망, 흥분, 감각, 집중력, 목표 추구와 관련이 있다고 지적했다. 하지만 아놀드의 시대에는 학생들의 학습 의욕을 높이기 위해 교사들이 흥미로운 교수법을 개발하는 데에 힘써야 하는지에 대해서는 의견이 갈렸다.

그 후에도 흥미가 흥분, 탐구심, 집중력, 인지능력, 도전 정신을 상승시킨다는 연구 결과가 발표되었다. Deci & Ryan, 1985; Izard, 1977 우리는 흥미를 느끼는 대상에 관심과 궁금증을 품으며 몰입한다. Izard, 1977 어떤 활동을 할 때 느끼는 긍정적인 감정은 즐거움이라고 정의되며 흥미와는 다르게 분류된다. 즐거움은 어떤 활동에 대한 보상으로 느끼는 감정이지만 흥미는 그 활동을 시작하는 동기로 작용한다. Tompkins, 1962

생애 초기에 느끼는 흥미의 역할

젖먹이들은 사람의 얼굴을 보면 시선을 고정한다. 이렇듯 흥미를 표시할 때 아기는 심장박동이 느려지면서 차분해진다. Langsdorf, Izard, Rayias, & Hembree, 1983 따라서 아기를 대할 때 미소를 띠거나 익살맞은 표정을 지으면 자연스럽게 아기의 관심을 끌 수 있고 흥분도 달랠 수 있으며, 아기의 흥미를 자극해 심장박동 속도를 낮추면 인지 발달도 촉진할 수 있다. 이럴 때 아기들은 감각을 통해 정보를 가장 잘 받아들일 수 있는 상태가 된다. Izard, 1977; Silvia, 2001 이렇듯 우리의 타고난 흥미와 호기심은 지능을 개발하고 세상에 대한 지식을 넓히는 데 큰 도움이 된다.

흥미는 성과를 준다

변화, 이동, 특이한 사건 등 새로운 경험은 우리의 관심과 흥미를 불러일으키며 탐구하고 이해하며 배우려는 열정을 심어 준다.Izard, 1977 그러나 세상에는 별로 내키지 않는 일이나 활동도 얼마든지 있다. 이렇게 따분한 일을 해야 할 때는 어떻게 동기부여를 할 수 있을까?

학자들은 사람들 대부분이 하기 싫은 일을 할 때도 좋은 결과를 얻고자 스스로 흥미를 유지하고 동기를 부여하는 방법을 안다고 가정하고, 구체적으로 어떤 전략을 사용하는지 연구했다.Sansone, Weir, Harpster, & Morgan, 1992 세건의 연구 결과에 따르면 사람들은 재미없는 일을 할 때 그 일을 흥미롭게 만들 수 있는 나름의 방법을 정해 놓고 좋은 성과를 얻으려 노력한다. 연구자들은 일을 재밌게 만드는 전략을 사용하는 사람은 그 일을 훨씬 긍정적으로 대한다는 결론을 내렸다. 또 일을 흥미롭게 만들고자 얼마간 대가를 치르더라도 여전히 그런 노력을 멈추지 않는다는 연구 결과도 있다. 예를 들어 어떤 학생은 수업 시간에 학습 내용과 관련된 재치 있는 농담을 던져 수업 분위기를 익살맞게 만들곤 한다. 잘못 나섰다가 선생님께 꾸중을 들을 위험을 감수하고서도 말이다. 그러니 수업 시간에 나대는 친구는 그저 분위기를 띄우려 애쓰는 건지도 모른다. 누군가에게 파티 뒤처리처럼 하기 싫은 일을 시킬 때도 그의 흥미를 유도하는 게 중요하다. 흥겨운 음악을 틀거나 막간을 활용해 베개 싸움을 하는 등 일을 신나게 할 수 있는 방법을 찾아보자.

공부할 때 흥미는 도움이 되기도 방해가 되기도 한다. 한 연구는 흥미가 집중력과 학습에 미치는 효과를 알아보고자 자료를 읽으며 공부하는 사람들을 관찰했다.Shirey & Reynolds, 1988 그들은 자료에서 재미있는 문장일수록 쉽게 이해했지만 학습 효과를 높이고자 재미있는 문장에 덜 집중하는 전략을 사용했다. 자료를 특히 잘 학습한 사람들은 재미있는 문장이 나타나면 빨리 읽고 지나간 반면 자세히 읽어야 이해할 수 있는 문장에 주의를 더 기울였기 때문에 자료에서 중요한 정보가 무엇인지 잘 이해할 수 있었다. 독해력이 뛰어난 사람들은 재미있게 표현되었지만 중요한 정보를 담고 있지 않은 문장과 기억해야 할 중요한 정보가 담긴 문장을 쉽게 구분했다. 시험을 준비하려고 교과서를 읽을 때 우리는 흥미로운 문장에만 집중하고 그렇지 않은 문장은 놓쳐 버리는 경우가 많다. 그러나 위 연구에 따르면 흥미로운 내용은 쉽게 기억할 수 있으므로 좋은 결과를 얻기 위해서는 오히려 재미없는 내용에 집중하며 공부해야 한다.

흥미는 생각보다 더 흥미롭다

흥미는 우리 삶에 유익하다.Silvia, 2001 예를 들어 다른 사람이 하는 활동이 재미있어 보이면 우리도 그 활동에 관심을 보인다. 그러면서 그 분야에 대해 더 잘 알고 싶다는 동기가 싹트면 관련된 행사에 참가하거나 장차 그 분야로 진로를 택하겠다는 꿈을 키우기도 한다. 흥미는 우리의 관심을 자극하여 특정 분야를 연구하거나 그 분야의 지식을 넓히려는 동기를 부여한다.Izard, 1977 결국 장기적으로 보면 흥미는 우리에게 새로운 경험을 선사하고 세상에 존재하는 다양한 가능성에 대해 호기심을 유발해 인생을 한층 즐겁게 이끌어 준다.

흥미는 나와 어떤 관계가 있을까

너무 많은 대상에 관심이나 호기심을 느끼는 탓에 하나를 선택하기 어렵다거나 선택의 폭이 너무 넓어 한 가지에 집중하기 불가능하다는 생각이 들 때가 있다. 수많은 흥밋거리 중 한 가지를 고르는 것은 고급 레스토랑에서 모든 메인 코스를 맛보고 싶은데도 한 가지 메뉴만 선택해야 하는 것과 같다. 결국 하나를 고르더라도 다음번에는 다른 메뉴를 주문해 서로 비교해 보고 싶을 것이다. 당연한 일이지만 처음에 아무리 흥미로워 보이는 대상도 참신함이 가시고 나면 예전만큼 몰입하기 어렵다. 그럴 때 우리는 다른 대상으로 갈아타거나 현재 상황을 조금 더 흥미롭게 바꾸기를 원한다.

비디오게임이나 사교 행사 등 쉴 새 없이 흥미를 주는 자극적인 활동에 빠지면 평온한 일상생활이 상대적으로 지루하게 느껴진다. 인간관계도 마찬가지다. 기복이 심한 관계가 안정적이고 건전한 관계보다 더 흥미롭게 느껴질 수도 있다. 그러니 누군가와의 관계나 자신의 관심사에 대해 단순히 예측할 수 없다는 이유로 흥미를 느끼는 것인지 아니면 자신에게 유익한 건전한 관심인지 잘 판단해야 한다. 또 관심거리나 인간관계가 예전보다 시들해졌을 때는 흥미를 회복할 방법을 찾을 필요가 있다. 친구 사이에 공통된 관심거리가 있다면 서로에 대한 흥미를 계속 이어갈 수 있다.

세상, 사람 등 다양한 주제에 대한 지식을 넓히면 남들에게 흥미로운 사람으로 비치는 한편 스스로의 흥미도 폭넓게 자극할 수 있다. 또한 다른 사람들이 어떻게 느끼고 생각하는지, 무엇을 좋아하는지, 잘 아는 분야는 무엇인지 관심을 두고 정보를 나눈다면 서로에게 흥미로운 존재가 될 수 있다.

흥미, 이것만 기억하자

흥미는 뇌가 어떤 상황이나 사건에 대해 유쾌하고 바람직하며 노력을 쏟을 가치가 있다고 판단할 때 나타나는 감정이다. 흥미는 우리에게 짜릿한 흥분을 선사하고 탐구나 도전을 하고 싶다는 욕구를 불러일으킨다. 흥미와 즐거움은 서로 밀접하게 관련되어 있지만 각기 다른 감정으로 보아야 한다. 흥미라는 감정은 지능을 개발하고 세상에 대한 지식을 넓히는 데 큰 도움이 된다. 변화, 이동, 특이한 사건 등 새로운 경험은 우리의 관심과 흥미를 불러일으킨다. 어떤 대상에 대해 느끼는 흥미는 관심으로 발전할 수 있다. 쉴 새 없이 흥미를 주는 자극적인 활동에 빠지면 평온한 일상생활이 상대적으로 지루하게 느껴진다. 또 관심거리나 인간관계가 예전보다 시들해졌을 때는 흥미를 회복할 방법을 찾을 필요가 있다. 상대방과 공통된 관심거리를 찾아 함께 즐거움을 추구한다면 서로에 대한 흥미를 유지할 수 있다.

사람들은 관심거리에서 행복을 찾고 싶어 한다. 다음 장에서는 행복이라는 흥미로운 감정에 대해 알아본다.

흥미는 우리에게 새로운 경험을 선사한다.
세상의 다양한 가능성에 호기심을 유발해
인생을 한층 즐겁게 이끌어 준다.

15

행복은
노력해야

얻을 수
있다

우리 곁에 있는
'행복'

• • • • • • • • • • • • • • • ♥

오스틴은 글짓기 대회에 응모할 수필에 꽤나 공을 들였지만 다 쓰자마자 갈기갈기 찢어 버렸다. 잔뜩 멋을 부렸을 뿐 자신이 어떤 사람이며 어떤 생각을 하는지에 대한 진솔한 고백은 담겨 있지 않다는 생각이 들어서였다. 그는 처음부터 다시 시작하기로 마음먹고 보호시설에서 자라 입양되었던 어린 시절의 고통과 지난해 약물중독자인 친모를 만났을 때 받았던 큰 충격을 솔직하게 써 내려갔다. 위험 부담이 따르는 일이었지만 그렇게 해야만 참된 자신을 표현할 수 있을 것 같았다. 오스틴의 진실한 글은 결국 일등상을 받았다. 그 소식을 듣고 오스틴은 마냥 행복했지만 한편으로는 도저히 믿기지 않았다. 주위 사람에게 모두 알려야만 실감이 날 것 같았다. "일등상이라니!" 정말 꿈만 같았다. 오스틴은 두 손에 얼굴을 파묻고는 흐

느껴 울기 시작했다.

오스틴은 왜 기쁜 일을 겪고 눈물을 흘렸을까? 사람들은 슬플 때나 신체적, 감정적으로 상처받았을 때, 고통받는 이에게 공감 또는 동정심을 느낄 때, 기쁜 일을 겪을 때 눈물을 흘린다. 행복한 일에 울음을 터뜨리는 이유는 감정을 마음 편히 표출할 수 있을 때까지 무의식적으로 억제하기 때문이라는 이론도 있다. Weiss & Sampson, 1986 이를테면 아주 슬픈 영화를 볼 때 슬픈 장면에서는 애써 눈물을 참다가 행복한 결말을 보고 울음을 터뜨린다는 것이다. 이 이론에 따르면 행복한 결말에서는 더 이상 슬픔을 억제할 필요 없이 안전하게 느낄 수 있으므로 슬픔을 억누르는 데 사용하던 에너지가 터져 나오면서 눈물로 표현된다는 것이다. 학자들에 따르면 이는 사람들이 행복한 결말에 눈물을 쏟는 다양한 이유 중 하나일 뿐이지만 사람들이 이렇게 역설적인 행동을 한다는 사실만은 매우 흥미롭다. 오스틴 역시 행복한 순간이 찾아오기 전에는 자신이나 생모에 대한 슬픔을 표현하는 것이 안전하지 못하다고 생각했을 것이다.

행복은 미소로 나타난다

들뜸, 반가움, 안도, 기쁨, 황홀감, 재미 등 행복과 관련된 감정은 매우 다양하다. 행복의 감정들이 주는 느낌은 각각 다르지만 모두 미소라는 표정으로 나타난다.Ekman, 2003 행복의 감정은 강도와 성질은 각기 달라도 순간적으로 기쁨이 밀려드는 경험을 주며 여느 감정이 그렇듯 우리의 행동을 유도한다.

행복은 성격 특징인 동시에 과거의 성공에 따르는 결과로 나타나는 감정 상태다. 이렇듯 긍정적인 감정 상태는 성공할 가능성을 한층 더 높일 수 있는 행동으로 이어진다.Lyubomirsky, King, & Diener, 2005 그러나 모든 문화권에서 다 그런 건 아니다.

서구 문화에서 기쁨, 들뜸, 재미, 반가움 등의 감정은 기분 좋은 느낌을 주며, 성공, 건강, 자부심과도 밀접하다. 서구인들은 살면서 긍정적인 감정을 많이 경험해야 한다고 생각하지만, 옌신 류Janxin Leu, 제니퍼 왕Jannifer Wang, 켈리 쿠Kelly Koo (2011) 등의 심리학자에 따르면 다른 문화권에서는 그렇지 않다. 여러 아시아 문화권에서 행복은 남들의 시샘을 사는 등 부정적인 사회적 결과를 낳기도 한다. 불교 문화권에서는 아무리 순수한 기쁨이라도 언제 고통으로 바뀔지 모른다고 생각한다. 그래서 긍정적인 감정을 극대화하는 대신 적당히 느끼는 것을 목표로 삼는다. 결국 긍정적인 감정이 정신 건강에 주는 영향도 문화에 따라 달라지기 때문에 아시아인은 긍정적인 감정을 느껴도 서구인만큼 효과를 얻지 못한다. 아시아에서는 긍정적 감정과 부정적 감정의 균형을 맞춰 감정을 절제하는 게 목표인 반면 서구에서는 긍정적 감정을 최대로 끌어올리는 게 목표다. 따라서 긍정적 감정이 주는 영향을 판단할 때도 항상 문화적 차이를 고려해야 한다.

긍정적인 경험과 행복을 위한 지속적인 노력은
사람들의 행복감을 높이는 데 확실히 큰 도움이 되었다.
결국 행복에도 노력이 필요하다.

행복을 만들어 내는 감정

어쩌면 당연한 일이지만 행복한 감정에 대해서는 불쾌한 감정만큼 자세한 연구가 적다. 기분 좋은 감정들은 긍정적인 감정이나 행복으로 뭉뚱그려 분류될 뿐이다. 하지만 분노, 슬픔, 혐오 등 유쾌하지 못한 감정을 분류하 듯 행복한 감정을 세부적으로 구분해 보면 이러한 감정이 언제 어떻게 생 기는지 더 잘 이해할 수 있다.

:: 들뜸 elation

무언가 멋진 일이 일어나리라는 환상이 충족되면 우리는 의기양양해진 다. 들떴을 때 우리는 비현실적일 만큼 행복하고 자신감이 넘치며, 펄쩍 펄쩍 뛰면서 소리를 지르거나 다른 사람에게도 이 기분을 알리고 싶어 한 다. DeRivera, Possell, Verette, & Weiner, 1989 이 감정은 간절하게 원하던 일이 실현 되었을 때 경험할 수 있다.

:: 반가움 gladness 과 안도감 relief

반가움은 바라던 일이 이루어졌을 때 경험하는 감정이지만 들뜸보다는 강도가 약하며, 주로 안도감이나 안심과 함께 나타난다. DeRivera et al., 1989 안 도 자체는 행복하고 긍정적인 감정으로, 심하게 요동치던 기분이 진정될 때 나타난다. Ekman, 2003 누구나 안도를 느끼면서 한숨을 내쉰 경험이 있을 것

당신의 감정이 당신에게 말하는 것

이다. 우리를 괴롭히던 번뇌가 깊은 숨 한 번과 함께 해소되었다는 뜻이다.

:: 기쁨 joy

기쁨은 의미 있는 만남이 있을 때 경험하는 감정이다. 인생의 의미를 확인해 줄 사람을 만나면 마음이 '열리고' 엄청난 애정이 샘솟는다.DeRivera et al., 1989 기쁨은 다른 사람과 독특하고 유쾌한 경험을 나눌 때도 느낄 수 있으며 의욕과 열정, 인간관계에 대한 욕구 등이 함께 나타난다.DeRivera et al., 1989; Frija, 1986; Izard, 1977 오랫동안 만나지 못한 사랑하는 친척을 가족 모임에서 만났을 때도 우리는 기쁨을 느낀다. 실존 인물과 관련이 없는 종교나 영적 관계에서도 기쁨을 느낄 수 있다.

:: 황홀감 bliss

황홀감은 엄청난 기쁨이 한꺼번에 몰려오는 듯한 감정이다. 몰아의 상태에서 느끼는 황홀감은 "구름 위에 떠 있는 기분"이라 표현할 만큼 강렬하다. 우리는 보통 사랑, 감각적 또는 성적 쾌감, 강한 흥분에 대한 기대, 또는 명상에 빠져든 상태에서 황홀감을 느낀다.Ekman, 2003 낭만적 사랑에서 애정을 느끼는 상대와 물리적으로 가까워지면 황홀감을 경험한다. 사랑하는 사람과 함께 황홀한 상태를 경험하면 그것을 또다시 경험하고픈 욕구가 간절해진다.

:: 재미 | amusement

재미는 웃기거나 흥미로운 대상에 대해 느끼는 감정이다.Ekman, 2003 재미
는 보통 웃음과 관련된다. 개인의 취향과 문화권에 따라 재미를 느끼는 대
상은 다르지만 극작가나 소설가들은 놀랍게도 많은 사람에게 웃음을 주는
작품을 만들어 낸다. 길을 걷다 껌을 밟거나 커다란 쥐가 쓰레기통에서 튀
어나오는 사건 등은 친구들과 함께 겪을 때는 재미있지만 혼자 겪을 때는
조금도 재미있지 않다. 잘 차려입은 채 진흙 웅덩이에 미끄러져 넘어지면
그 순간에는 전혀 웃기지 않지만 나중에 다른 사람에게 그 일을 말할 때는
무척 재미있게 느껴질 수 있다.

행복 만들기

지금보다 행복해지고 싶지만 그 방법을 모를 때가 있다. 연구자들은 의
도적인 노력을 통해 행복을 얻을 수 있는지를 궁금해했다.Lyubomirsky,
Dickerhoof, Boehm, & Sheldon, 2011 그들은 행복을 높이는 데 효과적이라고 생각
되는 두 가지 활동에 피험자들을 참여하게 했다. 하나는 미래의 이상적인
자기 모습을 그려 보며 긍정적인 생각을 하는 연습이고 다른 하나는 감사
하는 내용의 글을 쓰는 것이었다. 이 실험의 피험자들은 본래부터 지금보
다 행복해지기 위해서는 인위적인 노력을 기울여야 한다고 생각하는 사람

당신의 감정이 당신에게 말하는 것

들이었다. 연구 결과 긍정적인 경험과 행복을 위한 지속적인 노력은 참가자들의 행복감을 높이는 데 확실히 큰 도움이 되었다. 결국 행복에도 노력이 필요하다는 뜻이다.

사람들은 누구나 지금보다 행복해지고 싶어 한다. 그리고 행복에 가치를 두면 행복해질 가능성이 더 높을 거라고 믿는다. 그러나 연구 결과 행복을 과도하게 추구하면 오히려 불행할 수도 있다고 한다. 행복을 중요하게 생각할수록 기대만큼 행복하지 못하면 더 실망하기 때문이다.Mauss, Tamir, Anderson, & Savino, 2011 지금까지 우리는 누구나 마음속에 목표를 정하고 그것을 이루기 위해 열심히 노력해야 한다는 말을 많이 들어 왔지만 이 조언이 행복에는 해당되지 않는 것 같다. 예를 들어 철인 삼종 경기에 참가하려면 어떤 노력을 얼마나 쏟아야 할지 어느 정도 예측할 수 있다. 그러나 행복은 눈에 보이는 게 아니며 행복의 의미도 사람마다 다르다. 그래도 역시 행복해지기 위해서는 어떤 노력을 어떻게, 얼마나 자주 기울여야 할지 구체적으로 알 필요가 있다. 행복에 과도하게 비중을 두는 사람은 다다르기 어려운 목표를 세우는 경향이 있어 스스로 정한 기준에 이르지 못해 실망하기 쉽다는 것이 이 연구의 결론이다.Mauss et al., 2011 행복을 추구할 때 너무 많은 것을 바라면 도리어 행복해지기 어려우며, 행복에 지나치게 가치를 두면 행복이 가까운 곳에 있는데도 오히려 불행할 수 있다. 이렇듯 행복은 우리를 실망시키기도 한다.

행복은 나와 어떤 관계가 있을까

얼굴에 항상 미소를 띠는 사람은 왜 행복해 보일까? 미소를 지으면 정말 더 행복해질까? 행복할 때는 미소가 절로 나오지만 행복을 표현할 때 쓰이는 근육을 일부러 움직여도 비슷한 감정을 느낄 수 있다.Ekman, 1993 학자들은 얼굴에 무의식적으로 띠는 표정만으로 '안면 피드백 효과facial feedback effect'가 나타난다고 강조한다. 다시 말해 표정이 가져오는 생리적 변화가 감정 경험에도 영향을 준다는 뜻이다.Ekman, Levenson, & Friesen, 1983; Strack, Stepper, & Martin, 1988 펜이나 빨대를 입에 살짝 물고 웃는 표정을 만들어 보자. 이렇게 일부러 만든 표정도 행복의 표현인 미소와 마찬가지로 뇌에 긍정적인 감정 반응을 유도할 수 있다. 그러니 행복해지고 싶다면 얼굴에 미소를 지어 보자. 물론 적절한 상황에서 말이다.

행복, 이것만 기억하자

행복과 관련된 감정에는 들뜸, 반가움, 안도, 재미 등이 있다. 이러한 감정은 모두 미소를 짓게 만든다는 공통점이 있지만 그 느낌은 조금씩 다르다. 긍정적이고 행복한 감정은 의욕과 기쁨을 준다. 긍정적인 감정은 부정적인 감정에 비해 자세히 연구되지 않았지만 그 강도와 원인에 따라 다양하

당신의 감정이 당신에게 말하는 것

게 분류할 수 있다. 들뜸은 멋진 일이 일어나리라는 소망이 실현될 때 느끼는 감정이며, 반가움은 그보다 덜 강렬한 소망이 성취되었을 때 느끼는 감정으로 보통 안도감과 함께 나타난다. 기쁨은 소중한 사람들과 즐거운 경험을 함께할 때 느끼는 감정이다. 황홀감은 엄청난 기쁨이 한꺼번에 몰려오는 듯한 감정이다. 재미는 우스꽝스럽거나 흥미로운 상황에 대한 반응이다. 사람들은 보통 행복할 때 미소를 띠지만, 반대로 행복을 표현할 때 사용하는 근육을 움직여도 행복해질 수 있다.

감정은 우리의 모든 것과 연결되어 있다

감정은 인간의 가장 중요하고 독특한 특성이다. 마음의 문제를 겪을 때만 감정에 관심을 기울이기보다는 감정이 우리에게 어떻게 정보를 제공하고, 주의를 환기하며, 행동을 유도하여 우리를 보호하고 목표를 달성하도록 돕는지 깊이 이해해 보기를 권한다. 이제 감정을 느낄 때면 스스로에게 다음의 몇 가지 질문을 던져 그 감정을 이해하도록 노력하자.

내 판단 시스템은 왜 이러한 감정을 일으켰으며 이 감정은 내게 어떤 행동을 하라고 일러 주는가? 지금 느끼는 감정은 상황에 적절할까, 아니면 지나칠까? 나의 뇌는 과거의 상황을 고려하여 지금의 감정을 만들어 냈을까? 감정은 내가 무시하고 싶은 사실을 알려 주는 게 아닐까?

앞으로도 여러분이 감정에 대해, 감정이 우리에게 알려 주는 것들에 대해 계속 배워 나가기를 바란다. 감정은 우리와 무엇과 연결되어 있을까? 바로 우리의 모든 것이다!

01 감정은 올바르게 해석되길 원한다

Cattell, R., & Scheier, I. (1961). *The meaning and measurement of neuroticism and anxiety.* New York, NY: Ronald.

Clore, G. (1994). Why emotions are felt. In P. Ekman & R. J. Davidson (Eds.), *The nature of emotion: Fundamental questions* (pp. 103-111). New York, NY: Oxford University Press.

Clore, G., & Ortony, A. (2008). Appraisal theories: How cognition shapes affect into emotion. In M. Lewis & J. M. Haviland-Jones (Eds.), *Handbook of emotions* (3rd ed., pp. 742-756). New York, NY: Guilford Press.

Ekman, P. (1992). Are there basic emotions? *Psychological Review, 99*(3), 550-553.

Ekman, P. (1994). Moods, emotions, and traits. In P. Ekman & R. Davidson (Eds.), *The nature of emotion: Fundamental questions* (pp. 15-19). New York, NY: Oxford University Press.

Ekman, P. (1999). Basic emotions. In T. Dalgleish & M. Power (Eds.), *Handbook of cognition and emotion* (pp. 45-60). New York, NY: Wiley.

Epstein, S. (1994). Integration of the cognitive and the psychodynamic unconscious. *American Psychologist, 49,* 709-724.

Fredrickson, B. L., & Cohn, M. (2008). Positive emotions. In M. Lewis & J. M. Haviland-Jones (Eds.), *Handbook of emotions* (3rd ed., pp. 777-796). New York, NY: Guilford Press.

Izard, C. (1991). *The psychology of emotions.* New York, NY: Plenum Press.

Lazarus, R. (1984). On the primacy of cognition. American Psychologist, 39(2), 124-129.

Lazarus, R. (1994). Universal antecedents of the emotions. In P. Ekman & R. J.

Davidson (Eds.), *The nature of emotion: Fundamental questions* (pp. 163-171). New York, NY: Oxford University Press.

LeDoux, J. (1996). *The emotional brain.* New York, NY: Simon & Schuster.

LeDoux, J., & Phelps, E. (2008). Emotional networks in the brain. In M. Lewis & J. M. Haviland–Jones (Eds.), *Handbook of emotions* (3rd ed., pp. 159-179). New York, NY: Guildford Press.

Lerner, J., & Keltner, D. (2000). Beyond valence: Toward a model of emoton specific influences on judgment and choice. *Cognition and Emotion, 14,* 173–493.

Lerner, J., & Keltner, D. (2001). Fear, anger and risk. *Journal of Personality and Social Psychology, 81,* 146–159.

Levenson, R. W. (1992). Autonomic nervous system differences among emotions. *Psychological Science, 3*(1), 23–27.

Levenson, R. W. (1994). Human emotion: A functional view. In P. Ekman & R. J. Davidson (Eds.), *The nature of emotion: Fundamental questions* (pp. 123-126). New York, NY: Oxford University Press.

Lewis, M. (2008). Self–conscious emotions: Embarrassment, pride, shame, and guilt. In M. Lewis & J. M. Haviland–Jones (Eds.), *Handbook of emotions* (3rd ed., pp. 742-756). New York, NY: Guilford Press.

Lyubomirsky, S., King, L., & Diener, E. (2005). The benefits of frequent positive affect: Does happiness lead to success? *Psychological Bulletin, 131*(6), 803–855.

Mikels, J., Maglio, S., Reed, A., & Kaplowitz, L. (2011). Should I go with my gut? Investigating the benefits of emotion–focused decision making. *Emotion, 11*(4), 743–753.

Osman, M. (2004). An evaluation of dual–process theories of reasoning. *Psychodynamic Bulletin and Review, 11*(6), 988–1010.

Richman, L., Kubzansky, L., Maselko, J., Kawachi, I., Choo, P., & Bauer, M. (2005). Positive emotion and health: Going beyond the negative. *Health Psychology, 24*(4), 422–429.

Tomkins, S., McCarter, R. (1964). What and where are the primary affects? Some evidence for a theory. *Perceptual and Motor Skills, 18,* 119–158.

Tugade, M., & Fredrickson, B. (2004). Resilient individuals use positive emotions to bounce back from negative emotional experiences. *Journal of Personality and Social Psychology*, 86(2), 320–333.

Winkielman, P., Zajonc, R. B., & Schwarz, N. (1997). Subliminal affective priming resists attributional interventions. *Cognition and Emotion*, 11, 433–465.

Zajonc, R. (1980). Feeling and thinking: Preferences need no inferences. *American Psychologist*, 35, 151–175.

Zajonc, R. (1984). On the primacy of affect. *American Psychologist*, 39(2), 117–123.

02 불안은 주의를 기울이라는 신호이다

Chu, A. H. C., & Choi, J. N. (2005). Rethinking procrastination: Positive effects of "active" procrastination behavior on attitudes and performance. *Journal of Social Psychology*, 14, 245–264.

DeMartini, K., & Carey, K. (2011). The role of anxiety sensitivity and drinking motives in predicting alcohol use: A critical review. Clinical Psychology Review, 31(1), 169-177.

Luu, P., Tucker, D., & Derryberry, D. (1998). Anxiety and the motivational basis of working memory. *Cognitive Therapy and Research*, 22(6) 577–594.

Reiss, S., & McNally, R. (1985). The expectancy model of fear. In S. Reiss & R. R. Bootzin (Eds.), *Theoretical issues in behavior therapy* (pp. 107-121). San Diego, CA: Academic Press.

Schachter, S., & Singer, J. (1962). Cognitive, social, and physiological determinants of emotional state. *Psychological Review*, 69, 379–399.

Schraw, G., Wadkins, T., & Olafson, L. (2007). Doing the things we do: A grounded theory of academic procrastination. Journal of Educational Psychology, 99(1), 12-25.

Szymanski, J. (2011). *The perfectionist's handbook: Take risks, invite criticism, and make the most of your mistakes.* Hoboken, NJ: Wiley.

03 두려움은 자신을 보호하라는 경고이다

American Psychiatric Association. (2000). Diagnostic and statistical manual of mental disorders (Revised, 4th ed.). Washington, DC: Author.

Bracha, H., Ralston, T. C., Matsukawa, J. M., Matsunaga, S., Williams, A. E., & Bracha, A. S. (2004). Does "fight or flight" need updating? *Psychosomatics*, 45, 448−449.

Cannon, W. (1929). *Bodily changes in pain, hunger, fear, and rage*. New York, NY: Appleton−Century−Crofts.

Fernandez Slezak, D., & Sigman, M. (2011). Do not fear your opponent: Suboptimal changes of a prevention strategy when facing stronger opponents. *Journal of Experimental Psychology: General*, 1−12.

Lang, P., Davis, M., & Öhman, A. (2000). Fear and anxiety: animal models and human cognitive psychophysiology. *Journal of Affective Disorders*, 61, 137−159.

Lerner, J., & Keltner, D. (2001). Fear, anger and risk. *Journal of Personality and Social Psychology*, 81, 146−159.

Öhman, A. (2010). Fear and anxiety: Overlaps and dissociations. In M. Lewis, J. M. Haviland−Jones, & L. Feldman Barrett (Eds.). *Handbook of emotions* (pp. 709-729). New York, NY: Guilford Press.

Sylvers, P., Lilienfeld, S., & LaPraire, J. (2011). Differences between trait fear and trait anxiety: Implications for psychopathology. Clinical Psychology Review, 31, 122-137.

Taylor, S. E., Klein, L. C., Lewis, B. P., Gruenewald, T. L., Gurung, R. A., & Updegraff, J. A. (2000). Biobehavioral responses to stress in females: Tend−and−befriend, not fight−or−flight. *Psychological Review*, 107, 411−429.

04 창피함은 다음에 더 잘하겠다는 다짐을 전한다

Darby, R., & Harris, C. (2010). Embarrassment's effect on facial processing. *Cognition and Emotion*, 24(7), 1250−1258.

Dijk, C., Koenig, B., Ketelaar, T., & de Jong, P. (2011). Saved by the blush: Being trusted despite defecting. *Emotion*, 11(2), 313−319.

Drummond, P., & Lance, J. (1997). Facial flushing and sweating mediated by the sympathetic nervous system. *Brain,* 110, 793−803.

Fortune, J. L., & Newby−Clark, I. R. (2008). My friend is embarrassing me: Exploring the guilty by association effect. *Journal of Personality and Social Psychology,* 95, 1440−1449.

Gilovich, T., Medvec, V., & Savitsky, K. (2000). The spotlight effect in social judgment: An egocentric bias in estimates of the salience of one's own actions and appearance. *Journal of Personality and Social Psychology,* 78(2), 211−222.

Keltner, D., & Buswell, B. (1996). Evidence for the distinctness of embarrassment, shame, and guilt: A study of recalled antecedents and facial expressions of emotion. *Cognition and Emotion,* 10, 155−171.

Keltner, D., & Buswell, B. (1997). Embarrassment: Its distinct form and appeasement functions. *Psychological Bulletin,* 122(3), 250−270.

Keltner, D., & Anderson, C. (2000). Saving face for Darwin: The functions and uses of embarrassment. *Current directions in psychological science,* 9(6), 187−192.

Leary, M., & Kowalski, R. (1995). Social *anxiety.* London, England: Guildford Press.

Lewis, M. (2008). Self−conscious emotions: Embarrassment, pride, shame, and guilt. In M. Lewis & J. M. Haviland−Jones (Eds.), *Handbook of emotions* (3rd ed., pp. 742-756). New York, NY: Guilford Press.

Miller, R. (1992). The nature and severity of self−reported embarrassing circumstances. *Personality and Social Psychology Bulletin,* 18, 190−198.

Miller, R., & Tangney, J. (1994). Differentiating embarrassment from shame. *Journal of Social and Clinical Psychology,* 13, 273−287.

Miller, R. (2007). Is embarrassment a blessing or a curse? In J. Tracy, R. Robins, & J. Tangney (Eds.), *The self-conscious emtions: Theory and research* (pp. 245-262). New York, NY: Gilford Press.

Sattler, J. (1966). Embarrassment and blushing: A theoretical review. *Journal of Social Psychology,* 69, 117−133.

Tompkins, S. (1963). *Affect, imagery, and consciousness: Vol. 2. The negative affects.* New York, NY: Springer.

Zoccola, P., Green, M., Karoutsos, E., Katona, S., & Sabina, J. (2011). The embarrassed bystander: Embarrassability and the inhibition of helping. *Personality and Individual Differences,* 51(8), 925–929.

05 수치심을 피하려는 마음이 목표를 달성하게 한다

Atkinson, J. (1957). Motivational determinants of risk-taking behavior. *Psychological Review,* 64, 359–372.

Birney, R., Burdick, H., & Teevan, R. (1969). *Fear of failure.* New York, NY: Van Nostrand Reinhold.

Elliot, A., & Thrash, T. (2004). The intergenerational transmission of fear of failure. *Personality and Social Psychology Bulletin,* 30(8), 957–971.

Lewis, H. B. (1971). *Shame and guilt in neurosis.* New York, NY: International Universities Press.

Lewis, M. (2008). Self-conscious emotions: Embarrassment, pride, shame, and guilt. In M. Lewis & J. M. Haviland-Jones (Eds.), *Handbook of emotions* (3rd ed., pp. 742-756). New York, NY: Guilford Press.

McGregor, H., & Elliot, A. (2005). The shame of failure: Examining the link between fear of failure and shame. *Personality and Social Psychology,* 31(2), 218–231.

Thomaes, S., Bushman, B. J., Stegge, H., & Olthof, T. (2008). Trumping shame by blasts of noise: Narcissism, self-esteem, shame, and aggression in young adolescents. *Child Development,* 79, 1792–1801.

Thomaes, S., Stegge, H., Olthof, T., Bushman, B., & Nezlek, J. (2011). Turning shame inside out: "Humiliated fury" in young adolescents. *Emotion,* 11(4), 786–793.

Zou, Z., & Wang, D. (2009). Guilt versus shame: Distinguishing the two emotions from a Chinese perspective. *Social Behavior and Personality,* 37(5), 601–604.

06 죄책감은 타인을 아프게 했다는 사실을 깨우쳐 준다

Baumeister, R. F., & Stillwell, A. M., & Heatherton, T. F. (1994). Guilt: An interpersonal approach. *Psychological Bulletin,* 115(2), 243—267.

Freud, S. (1961a). Civilization and its discontents. In J. Strachey (Ed. & Trans.), *The standard edition of the complete psychological works of Sigmund Freud* (Vol. 21, pp. 64-148). London, England: Vintage. (Original work published 1930). (『문명 속의 불만』, 지그문트 프로이트, 서울대학교출판문화원, 2014.)

Hoffman, M. (1982). Development of prosocial motivation: Empathy and guilt. In N. Eisenberg (Ed.), *The development of prosocial behavior* (pp. 281-313). San Diego, CA: Academic Press.

Joens, W. H., & Kugler, K. (1993). Interpersonal correlates of the guilt inventory. *Journal of Personality Assessment,* 61(2), 246—258.

Lewis, H. B. (1971). *Shame and guilt in neurosis.* New York, NY: International Universities Press.

Lewis, M. (2008). Self—conscious emotions: Embarrassment, pride, shame, and guilt. In M. Lewis & J. M. Haviland—Jones (Eds.), *Handbook of emotions* (3rd ed., pp. 742-756). New York, NY: Guilford Press.

Parkinson, B., & Illingworth, S. (2009). Guilt in response to blame from others. *Cognition and Emotion,* 23(8), 1589—1614.

Tangney, J. (1993). Shame and guilt. In C. G. Costello (Ed.), *Symptoms of depression* (pp. 161-180). New York, NY: Wiley.

Tangney, J. (1995). Shame and guilt in interpersonal relationships. In J. Tangney & K. Fischer (Eds.), *Self-conscious emotions: The psychology of shame, guilt, embarrassment, and pride* (pp. 114-139). New York, NY: Guilford Press.

Williams, C., & Bybee, J. (1994). What do children feel guilty about? Developmental and gender differences. *Developmental Psychology,* 30(5), 617—623.

07 자부심은 건강한 열정을 안겨 준다

Fredrickson, B. L., & Branigan, C. (2001). Positive emotions. In T. J. Mayne & G. A. Bonanno (Eds.), *Emotions: Current issues and future directions* (pp. 123-151). New York, NY: Guilford Press.

Johnson, D., & Fowler, J. (2011). The evolution of overconfidence. *Nature, 477*, 317–320.

Lewis, M. (2008). Self−conscious emotions: Embarrassment, pride, shame, and guilt. In M. Lewis & J. M. Haviland−Jones (Eds.), *Handbook of emotions* (3rd ed., pp. 742-756). New York, NY: Guilford Press.

Shariff, A., & Tracy, J. (2009). Knowing who's boss: Implicit perceptions of status from the nonverbal expression of pride. *Emotion, 9*(5), 631–639.

Tracy, J., & Robbins, R. (2007a). Emerging insights into the nature and function of pride. *Current Directions in Psychological Science, 16*(3), 147–150.

Tracy, J., & Robbins, R. (2007b). The psychological structure of pride: A tale of two facets. *Journal of Personality and Social Psychology, 92*(3), 506–525.

Williams, L., & DeSteno, D. (2008). Pride and perseverance: The motivational role of pride. *Journal of Personality and Social Psychology, 94*(6), 1007–1017.

$O8$ 외로움은 다가설 용기를 준다

Anderson, C., Horowitz, L., & French, R. (1983). Attributional style of lonely and depressed people. *Journal of Personality and Social Psychology, 45*(1), 127–136.

Baumeister, R. F., & Leary, M. R. (1995). The need to belong: Desire for interpersonal attachments as a fundamental human motivation. *Psychological Bulletin, 117*(3), 497–529.

Davis, M., & Franzoi, S. (1986). Adolescent loneliness, self−disclosure, and private self−consciousness: A longitudinal investigation. *Journal of Personality and Social Psychology, 51*, 595–608.

DeWall, C., Maner, J., & Rouby, D. (2009). Social exclusion and early−stage interpersonal perception: Selective attention to signs of acceptance. *Journal of Personality and Social Psychology, 96*(4), 729–741.

Horowitz, L., French, R., & Anderson, C. (1982). The prototype of a lonely person. In L. Peplau & D. Perlman (Eds.), *Loneliness: A sourcebook of current theory, research, and therapy* (pp. 183-204). New York, NY: Wiley.

Jones, W. H., Freemon, J., & Goswick, R. (1981). The persistence of loneliness: Self and other determinants. *Journal of Personality, 49*(1), 27−48.

Weiss, R. (1973). *Loneliness: The experience of emotional and social isolation.* Cambridge, MA: MIT Press.

09 희망은 인생에 대한 태도를 결정한다

Averill, J. R. (1994). The eyes of the beholder. In P. Ekman & R. J. Davidson (Eds.), *The nature of emotion* (pp. 7-14). New York, NY: Oxford University Press.

Benedetti, F., Mayberg, H., Wager, T., Stohler, C., & Zubieta, J. (2005). Neurobiological mechanisms of the placebo effect. *Journal of Neuroscience, 25*(45), 10390−10402.

Bruininks, P., & Malle, B. (2005). Distinguishing hope from optimism and related affective states. *Motivation and Emotion, 29*(4), 325−355.

Cavanaugh, L., Cutright, K., Luce, M., & Bettman, J. (2011). Hope, pride, and processing during optimal and nonoptimal times of day. *Emotion, 11*(1), 38−46.

Izard, C. (1991). *The psychology of emotions.* New York, NY: Plenum Press.

Lazarus, R. (1999). Hope: An emotion and a vital coping resource against despair. *Social Research, 66*(2), 653−678.

Schneiderman, I., Zilberstein−Kra, Y., Leckman, J., & Feldman, R. (2011). Love alters autonomic reactivity to emotions. *Emotion, 11*(6), 1314−1321.

10 슬픔은 상실감을 받아들이라고 속삭인다

Chepenik, L., Cornew, L., & Farah, M. (2007). The influence of sad mood on cognition. *Emotion, 7*(4), 802−811.

Ekman, P. (2003). *Emotions revealed: Recognizing faces and feelings to improve communication and emotional life.* New York, NY: Holt.

Henretty, J., Levitt, H., & Mathews, S. (2008). Clients' experiences of moments of sadness in psychotherapy: A grounded theory analysis. *Psychotherapy Research,*

18(3), 243–255.

Izard, C. (1977). *Human emotions.* New York, NY: Plenum Press.

Lazarus, R. (1991). *Emotion and adaptation.* New York, NY: Oxford University Press.

Schwarz, N. (1990). Feelings as information: Informational and motivational functions of affective states. In E. T. Higgins & R. M. Sorrentino (Eds.), *Handbook of motivation and cognition: Foundations of social behavior* (Vol. 2, pp. 527-561). New York, NY: Guilford Press.

// 분노는 나를 지키는 방패이다

Archer, J. (2001). Broad and narrow perspectives in grief theory: Comment on Bonanno and Kaltman (1999). *Psychological Bulletin, 127*(4), 554–560.

Bonanno, G. A., & Kaltman, S. (1999). Toward an integrative perspective on bereavement. *Psychological Bulletin, 125*(6), 760–776.

Bowlby, J. (1963). Pathological mourning and childhood morning. *Journal of the American Psychoanalytic Association, 11*(3), 500–541.

Brown, B. H., Richards, H. C., & Wilson, C. A. (1996). Pet bonding and pet bereavement among adolescents. *Journal of Counseling & Development, 74*, 505–510.

Bushman, B. (2002). Does venting anger feed or extinguish the flame? Catharsis, rumination, distraction, anger, and aggressive responding. *Personality and Social Psychology Bulletin, 28*(6), 724–731.

Bushman, B., Bonacci, A., Pederson, W., Vasques, E., & Miller, N. (2005). Chewing on it can chew you up: Effects of rumination on triggered displaced aggression. *Journal of Personality and Social Psychology, 88*(6), 969–983.

Carlsmith, K. M., Wilson, T. D., & Gilbert, D. T. (2008). The paradoxical consequences of revenge. *Journal of Personality and Social Psychology, 95*, 1316–1324.

de Quervain, D., Fischbacher, U., Treyer, V., Schellhammer, M., Schnyder, U., Buck, A., & Fehr, E. (2004). The neural basis of altruistic punishment. *Science, 305*(5688), 1254–58.

Ekman, P. (1993). Facial expression and emotion. *American Psychologist, 48,* 384–392.

Freud, S. (1961b). Mourning and melancholia. In J. Strachey (Ed. & Trans.), *The standard edition of the complete psychological works of Sigmund Freud* (Vol. 14, pp. 237-258). London, England: Vintage. (Original work published 1917)

Hejdenberg, J., & Andrews, B. (2011). The relationship between shame and different types of anger: A theory–based investigation. *Personality and Individual Differences, 50*(8), 1278–1282.

Izard, C. (1991). *The psychology of emotions.* New York, NY: Plenum Press.

Kübler–Ross, E. (1969). *On death and dying.* New York, NY: Routledge.(「인간의 죽음」, 엘리자베스 퀴블러로스, 분도출판사, 1979.)

Lazarus, R. (1999). Hope: An emotion and a vital coping resource against despair. *Social Research, 66*(2), 653–678.

Lerner, J., & Keltner, D. (2001). Fear, anger and risk. *Journal of Personality and Social Psychology, 81,* 146–159.

Lerner, J., & Tiedens, L. (2006). Portrait of the angry decision maker: How appraisal tendencies shape anger's influence on cognition. *Journal of Behavioral Decision Making, 19,* 115–137.

O'Gorman, R., Wilson, D., & Miller, R. (2005). Altruistic punishing and helping differ in sensitivity to relatedness, friendship, and future interactions. *Evolution and Human Behavior, 26,* 375–387.

Rothbaum, F., & Tsang, B. Y. P. (2004). Love songs in the United States and China. *Journal of Cross-Cultural Psychology, 29*(2), 306–319.

12 혐오감도 때론 유머가 된다

Croy, I., Olgun, S., & Joraschky, P. (2011). Basic emotions elicited by odors and pictures. *Emotion, 11*(6), 1331–1335.

Ekman, P. (1982). *Emotion in the human face* (2nd ed.). New York, NY: Cambridge University Press.

Izard, C. (1993). Organizational and motivational functions of discrete emotions. In M.

Lewis & J. M. Haviland (Eds.), *Handbook of emotions*. New York, NY: Guilford Press.

Olatunji, B., & Sawchuk, C. (2005). Disgust: Characteristic features, social manifestations, and clinical implications. *Journal of Social and Clinical Psychology,* 24(7), 932–962.

Rozin, P., & Fallon, A. (1987). A perspective on disgust. *Psychological Review,* 94(1), 23–41.

Woody, S., Mclean, C., & Klassen, T. (2005). Disgust as a motivator of avoidance of spiders. *Anxiety Disorders,* 19, 461–475.

Wrzesniewski, A., McCauley, C., & Rozin, P. (1999). Odor and affect: Individual differences in the impact of odor on liking for places, things, and people. *Chemical Senses,* 24, 713–721.

13 부러움은 더 나은 사람이 될 수 있게 도와준다

Ekman, P. (2003). *Emotions revealed: Recognizing faces and feelings to improve communication and emotional life.* New York, NY: Holt.

Griskevicius, V., Tybur, J., & Van den Bergh, B. (2010). Going green to be seen: Status, reputation, and conspicuous conservation. *Journal of Personality and Social Psychology,* 98, 392–404.

Hill, S., DelPriore, D., & Vaughan, P. (2011). The cognitive consequences of envy: Attention, memory, and self–regulatory depletion. *Journal of Personality and Social Psychology,* 101(4) 653–666.

Moran, S., & Schweitzer, M. (2008). When better is worse: Envy and the use of deception. *Negotiation and Conflict Management Research,* 1(1), 3–29.

Silver, M., & Sabini, J. (1978). The perception of envy. *Social Psychology,* 41, 105–111.

Smith, R. H., & Kim, S. H. (2007). Comprehending envy. *Psychological Bulletin,* 133, 46–64.

Smith, R. H., Turner, T., Garonzik, R., Leach, C., Urch–Druskat, V., & Weston, C. (1996). Envy and schadenfreude. *Personality and Social Psychology Bulletin,* 22(2),

158-168.

Parrott, W. (1991). The emotional experiences of envy and jealousy. In P. Salovey (Ed.), *The psychology of jealousy and envy* (pp. 3-30). New York, NY: Guilford Press.

van de Ven, N., Zeelenberg, M., & Pieters, R. (2009). Leveling up and down: The experiences of benign and malicious envy. *Emotion, 9*(3), 419-429.

van de Ven, N., Zeelenberg, M., & Pieters, R. (2010). Warding off the evil eye: When the fear of being envied increases prosocial behavior. *Psychological Science, 21*(11) 1671-1677.

van Dijk, W., van Koningsbruggen, G., Ouwerkerk, J., & Wesseling, Y. (2011). Self-esteem, self-affirmation, and schadenfreude. *Emotion, 11*(6), 1445-1449.

14 흥미는 무언가를 시작할 수 있게 해 준다

Arnold, F. (1906). The psychology of interest (I). *The Psychological Review, 13*(4), 221-238.

Deci, E., & Ryan, R. (1985). *Intrinsic motivation and self-determination in human behavior.* New York, NY: Plenum Press.

Izard, C. (1977). *Human emotions.* New York, NY: Plenum Press.

Keltner, D., & Lerner, J. (2010). Emotion. In D. Gilbert, S. Fiske, & G. Lindsey(Eds.), *Handbook of social psychology* (5th ed., pp. 317-352). New York, NY: McGraw Hill.

Langsdorf, P., Izard, C., Rayias, M., & Hembree, E. (1983). Interest expression, visual fixation, and heart rate changes in 2- to 8-month old infants. *Developmental Psychology, 19*(3), 375-386.

Sansone, C., Weir, C., Harpster, L., & Morgan, C. (1992). Once a boring task always a boring task? Interest as a self-regulatory mechanism. *Journal of Personality and Social Psychology, 63*(3), 379-390.

Shirey, L., & Reynolds, R. (1988). Effect of interest on attention and learning. *Journal of Educational Psychology, 80*(2), 159-166.

Silvia, P. (2001). Interest and interests: The psychology of constructive capriciousness. *Review of General Psychology, 5*(3), 270-290.

Tompkins, S. (1962). Affect, imagery, and consciousness: *Vol. 1. The positive affects.* London, England: Tavistock.

15 행복은 노력해야 얻을 수 있다

Weiss, J., & Sampson, H. (1986). *The psychoanalytic process: Theory, clinical observations, and empirical research.* New York, NY: Guilford.

DeRivera, J., Possell, L., Verette, J., & Weiner, B. (1989). Distinguishing elation, gladness, and joy. Journal of *Personality and Social Psychology,* 57(6), 1015–1023.

Ekman, P., Levenson, R., & Friesen, W. (1983). Autonomic nervous system activity distinguishes among emotions. *Science,* 221, 1208–1210.

Ekman, P. (1993). Facial expression and emotion. *American Psychologist,* 48, 384–392.

Ekman, P. (2003). *Emotions revealed: Recognizing faces and feelings to improve communication and emotional life.* New York, NY: Holt.

Frija, N. (1986). *The emotions.* Cambridge, England: Cambridge University Press.

Izard, C. (1977). *Human emotions.* New York, NY: Plenum Press.

Lyubomirsky, S., King, L., & Diener, E. (2005). The benefits of frequent positive affect: Does happiness lead to success? *Psychological Bulletin,* 131(6), 803–855.

Leu, J., Wang, J., & Koo, K. (2011). Are positive emotions just as "positive" across cultures? *Emotion,* 11(4), 994–999.

Lyubomirsky, S., Dickerhoof, R., Boehm, J., & Sheldon, K. (2011). Becoming happier takes both a will and a proper way: An experimental longitudinal intervention to boost well–being. *Emotion,* 11(2), 391–402.

Mauss, I., Tamir, M., Anderson, C., & Savino, N. (2011). Can seeking happiness make people unhappy? Paradoxical effects of valuing happiness. *Emotion,* 11(4), 807–815.

Strack, F., Stepper, S., & Martin, L. (1988). Inhibiting and facilitating conditions of the human smile: A nonobtrusive test of the facial feedback hypothesis. Journal of *Personality and Social Psychology,* 54(5), 768–777.

미처 몰랐던 내 감정에 숨은 진짜 힘

당신의 감정이 당신에게 말하는 것

초판 1쇄 발행 2015년 6월 20일
지은이 메리 라미아 | **옮긴이** 김효정

펴낸이 민혜영
펴낸곳 카시오페아
주소 서울시 마포구 월드컵북로 400 문화콘텐츠센터 5층 출판지식창업보육센터 8호
전화 070-4233-6533 | **팩스** 070-4156-6533
홈페이지 www.cassiopeiabook.com | **전자우편** cassiopeiabook@gmail.com
출판등록 2012년 12월 27일 제385-2012-000069호
디자인 김진디자인

ISBN 979-11-85952-16-1
이 도서의 국립중앙도서관 출판시도서목록(CIP)은 서지정보유통지원시스템 홈페이지(http://seoji.nl.go.kr)와
국가자료공동목록시스템(http://www.nl.go.kr/kolisnet)에서 이용하실 수 있습니다.
(CIP제어번호 : CIP 2015015459)